예언자

묻고 답하는 과정 속에 나의 존재를 인식한다

예언자

칼릴 지브란 | 김지영 역

일은 무엇입니까? 형제는 무엇입니까? 기쁨과 슬픔은 무엇입니까? 결혼이란 무엇입니까?
사랑은 무엇입니까? 늙음은 무엇입니까? 법은 무엇입니까?
죄와 벌은 무엇입니까?

한비미디어

차 례

예 언 자

1. 배가 오다 … 9
2. 사 랑 … 18
3. 결 혼 … 22
4. 아이들 … 25
5. 베 풂 … 27
6. 먹고 마심 … 31
7. 일 … 33
8. 기쁨과 슬픔 … 38
9. 집 … 41
10. 옷 … 45
11. 사고파는 일 … 47
12. 죄와 벌 … 49
13. 법 … 56
14. 자 유 … 59
15. 이성과 열정 … 63
16. 고 통 … 66
17. 자기를 아는 것 … 68
18. 가르침 … 71
19. 우 정 … 73
20. 대 화 … 76
21. 시 간 … 78
22. 선과 악 … 80
23. 기 도 … 84
24. 쾌 락 … 88
25. 아름다움 … 92
26. 종 교 … 96
27. 죽 음 … 100
28. 헤어짐 … 103

부러진 날개

글을 시작하며 … 121
1. 슬픔의 시기 … 125
2. 운명의 손길 … 129
3. 두 영혼 … 136
4. 하얀 불꽃 … 143
5. 폭풍우 … 147
6. 사랑의 맹세 … 164
7. 죽음의 얼굴 … 187
8. 비밀의 사원 … 206
9. 희 생 … 214
10. 구 원 … 227

□ 작가 소개 … 237
□ 칼릴 지브란의 작품 연보 … 241

※ 표지와 본문에 사용된 그림은 저자인 칼릴 지브란의 작품입니다.

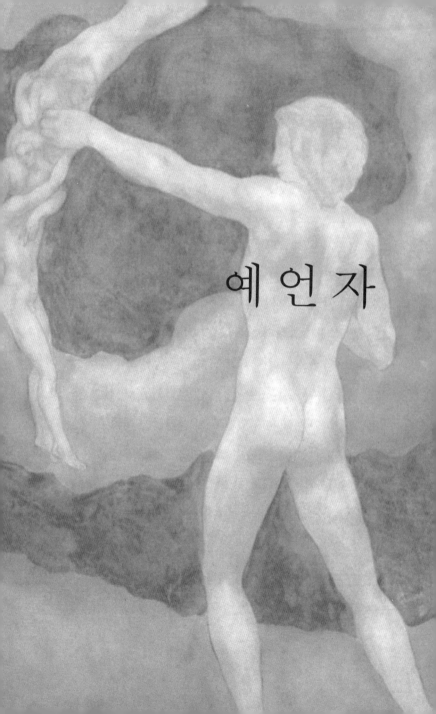

예 언 자

1 배가 오다

알무스타파, 모든 사람들 중 선택된 자이며 동시에 가장 많은 사랑을 받은 자, 그리고 그 시대의 새벽빛이었던 사람.

그는 오르팰리스 성(城)에서 열두 해 동안이나 기다렸다. 자기가 태어난 고향으로 자신을 태워다 줄 배가 돌아오기를 ……

마침내 열두 번째 되던 해, 수확의 계절인 이엘룰(Ielool)의 일곱 번째 날에 그는 성 밖에 있는 한 언덕에 올라가 아득히 먼 바다를 바라보았다.

그때 그는 보았다.

항구의 모습을 감추고 있는 푸른 안개 속에서 자신의 배가 다가오고 있음을 ……

그러자 마음의 문이 활짝 열리면서 기쁨의 날개가 돋아 올랐고, 오랜 기다림은 깃털을 흔들며 이미 바다 위를 날고 있었다.

그는 두 눈을 꼭 감은 채 영혼의 침묵 속에서 기도를 올렸다.

그러나 언덕을 내려올 때 갑자기 마음 깊은 곳에서 슬픔이 밀려와, 그는 한참 동안 생각에 잠겼다.

슬픔도 없이, 내 어찌 편안히 떠날 수 있겠는가?

아니, 영혼의 상처 없이는 결코 이 도시를 떠나지 못하리라.

이 성곽 안에서 보낸 고통의 날들은 너무나 길었고, 외로움의 밤들 또한 참으로 길었다.

이 고통과 고독 앞에서 어느 누가 한 점의 후회 없이 이별의 말을 던질 수 있겠는가?

이 도시의 거리마다 내가 뿌린 무수한 영혼의 조각들, 온통 벌거벗은 채 저 언덕들 사이를 헤매는 내 무수한 갈망들……

나는 정말 아무런 고통이나 근심 없이 이들을 떠나갈 수 있을까?

내가 지금 벗어 버리려고 하는 것은 한낱 부끄러움을 가려주는 옷이 아니다. 그것은 바로 내 손으로 찢어낸 고통의 살이요, 고독한 피인 것이다.

또한 내 뒤에 남기고 가는 이것은 그저 하나의 사상이 아니라 굶주림과 목마름으로 더욱 부드러워진 내 심장일 뿐이다.

그러나 나는 더 이상 머뭇거릴 수가 없다.

온갖 것을 다 자기에게로 불러가는 저 바다가 푸른 손을 흔들며 나를 부르니, 이제 그만 배에 올라야 한다.

왜냐고 묻지 마라. 어딘가 한 곳에 머물러 있다면 비록 그 하룻밤 동안은 활활 불타오를지 모른다. 그러나 그것은 이내 굳어 버리고 결정체가 되어 버림으로써 하나의 틀에 묶여 버리고 마는 것이다.

내 마음이야 여기 있는 모든 것들을 데려가고 싶지만, 어떻게 그럴 수 있단 말인가.

목소리는 자신을 날려 보내는 혀와 입술을 함께 데리고 가지 못한다. 다만 홀로 머나먼 하늘을 향해 떠나갈 뿐이다.

일정한 거처도 없이 태양 저편으로 날아가는 독수리는 그저 혼자 몸으로 쉼 없이 날갯짓을 해야만 마침내 그곳에 닿을 수 있다.

언덕 기슭에 이르렀을 때, 그는 다시 한번 바다를 향해 돌아섰다. 그리고 자신의 고향 사람들인 선원들을 뱃머리에 싣고 항구로 들어오는 그의 배를 바라보았다.

그리고 그들을 향해 영혼의 목소리로 소리쳐 말했다.

내 그리운 어머니의 아들들이여, 거센 물결을 헤치고 내게로 온 자들이여!

그대들은 아주 오래전부터 내 꿈속의 바다를 얼마나 자주 항해했는지 모른다. 그러다가 이젠 내가 그 꿈에서 깨어나려

하니 나를 찾아오는구나. 어쩌면 이것이 더 깊은 잠 속의 꿈은
아닐는지…….

물론 나는 떠날 준비를 마쳤다. 그리고 오랜 갈망의 돛을
활짝 편 채 바람이 찾아오기를 기다리고 있었다.

이 고요한 대지 위에서 단지 한 번의 숨을 더 쉬면, 오직
한 번의 다정한 눈짓만 보내면 되리라.

그러면 나는 그대들 가운데, 뱃사람 중의 뱃사람인 그대들
가운데 설 수 있으리라.

그리고 자신의 끝을 보여주지 않는 광막한 바다여!

영원히 잠들지 않는 우리들의 어머니여!

또한 생명의 젖줄인 대지의 강과 시냇물에 자유와 평화를
주는 이여!

오직 한 번 더 굽이치는 것으로, 이 시냇물은 이 숲 속 빈터에서
다시 한번 더 속삭이며 즐거이 흘러가나니…….

그러면 나는 당신에게로 가리라.

끝없는 바다, 끝없는 물방울.

그는 천천히 걸어가면서 몇몇 남녀들이 들과 포도밭을 떠나
성문을 향해 서둘러 가는 것을 보았다.

또 그들의 목소리는 하나같이 그의 이름을 부르고 있었다.

밭에서 밭으로 이어지는 그들의 외침이 그의 배가 다가왔음을
알려주었다.

그는 스스로에게 나직하게 말했다.

그래……. 이별이 곧 만남을 의미하는 것일까? 나의 고통스러운 저녁이 사실은 나의 새벽이었단 말인가?

그렇다면 나를 위해 저 밭고랑에 쟁기를 눕혀둔 이를 어찌할까? 밤새 포도주를 짜던 기구의 바퀴를 멈춘 이에게 나는 무엇을 주어야 한단 말인가?

내 가슴에 묵직한 열매가 맺힌 나무를 심고, 그 열매를 나누어 줄까?

그러면 나의 욕망이 샘처럼 흘러넘쳐 그들의 빈 잔을 채워줄 수 있을까?

과연 나는 신의 손끝이 퉁기는 하프, 혹은 그분의 숨결이 가슴속으로 스치는 피리인가?

나는 침묵의 탐구자.

하지만 그 침묵 속에서 어떤 귀한 선물을 찾아내어 당당한 손길로 나누어 줄 수 있을까?

지금 이 순간 씨를 뿌려야 한다면, 나는 잊혀진 계절에 어느 들판으로 나아가 씨를 뿌려야 할까?

만약 오늘이 내 수확의 날이라면, 그 추수한 곡식을 내 가슴의 어느 곳에 쌓아두어야 할까?

내 영혼의 등잔을 켜든 한들 거기서 타오르는 불꽃은 결코 내 불꽃이 아닌 것을…….

다만 나는 아무것도 담지 않은 채 어둠으로써 나의 등잔을 켜리라.

그러면 밤의 파수꾼이 기름을 채우고, 그의 손길로 심지에 불을 붙이리라.

그는 이런 말들을 중얼거렸다.

그러나 그의 가슴속에는 아직도 말하지 못한 것이 너무나 많았다.

왜냐하면 보다 깊은 비밀을 그 자신의 혀로는 말할 수 없었기 때문이다.

그는 고통의 도시로 다시 돌아왔다. 그러자 모든 사람들이 그를 만나기 위해 몰려와서 일제히 소리쳐 말했다.

도시의 원로(元老)들은 군중을 헤치고 앞으로 나와 이렇게 말했다.

아직 우리를 떠나지 마십시오.

그대는 캄캄한 어둠 속에서도 빛나는 한낮의 태양이었고, 그대의 젊은 영혼은 우리를 꿈에서 꿈으로 이끌었습니다.

그대는 우리에게 타인(他人)이나 손님이 아닌 우리의 아들이 며, 우리가 가장 사랑하는 사람입니다.

그러므로 그대 모습을 그리는 우리의 두 눈을 아직은 괴롭히 지 말아 주십시오.

그러자 남녀 사제들도 나서서 말했다.

이 바닷물결이 그대와 우리를 갈라놓게 하지 마십시오. 그저 우리와 함께 이곳에서 보낸 날들을 기억해 주십시오.
우리는 언제나 그대를 따라 걸어왔고, 그대의 그림자 또한 우리의 얼굴을 감싸는 빛이었습니다.
다만 우리의 사랑이 침묵했을 뿐, 우리가 그대를 얼마나 사랑했는지요. 그래요, 우리의 사랑은 한 겹 너울에 가려 있을 뿐이었어요.
하지만 이젠 그렇지 않아요. 그 사랑은 더없이 큰 소리로 외치며 그대 앞에 나설 거예요.
슬픈 이별의 시간이 오기 전까지는 그 깊이를 알지 못하는 것이 사랑이니까요.

그러자 다른 이들도 다투어 나서며 간청했다.
그러나 그는 아무 말도 하지 않았다.
다만 고개를 숙였을 뿐인데, 가까이 서 있던 이들은 그의 눈물이 떨어져 가슴을 적시는 것을 보았다.

잠시 후, 그를 비롯한 모든 사람들이 사원 앞의 광장을 향해 나가기 시작했다.

그때 사원의 신전에서 알미트라(Almitra)라는 이름의 한 여인이 모습을 드러냈다. 그는 그 도시의 예언자였다.

그는 말할 수 없이 다정한 눈빛으로 그녀를 바라보았다.

왜냐하면 그가 이 도시에 온 지 하루밖에 되지 않았을 때 가장 먼저 찾아와 그를 믿은 사람이 그녀였기 때문이다.

그녀 역시 그를 반갑게 맞으며 이렇게 말했다.

그대, 우리들 신의 대리인이며 예언자인 분이시여! 또한 세상의 끝을 찾아다니는 분이시여!

그대는 자신의 배가 오기를 오래도록 기다렸습니다.

이제 기다리던 배가 왔으니 그대는 떠나야만 하겠지요.

그대의 기억 속 저편 나라와 보다 큰 욕망의 땅을 향한 갈망이 그토록 깊으니, 우리의 사랑으로도 붙잡을 수가 없겠지요. 우리의 애원이 아무리 강하다 해도 그대를 만류할 수는 없을 겁니다.

다만 그대가 이 도시를 떠나기 전에 청하노니, 우리에게 진실을 말씀해 주십시오.

그러면 우리는 우리 아이들에게, 그리고 아이들은 자라서 또 자신의 아이들에게 그대의 말을 전하도록 하겠습니다. 그리하면 결코 잊혀지지 않을 겁니다.

그대는 모진 고통과 고독을 안은 채 우리를 지켜주셨고, 그 숱한 밤 동안 깨어 있으면서 우리들 꿈속의 웃음소리와 울음소리에까지 귀를 기울이셨지요.

그러니 이제 우리를 우리 자신의 눈앞에 드러나게 하시고, 모든 이들의 탄생과 죽음 사이에서 그대가 본 것들을 모두 말씀해 주십시오.

그가 대답했다.

오르팰리스 사람들이여!
자금 이 순간에도 그대들의 영혼 속에서 떠돌고 있는 바로 그것 이외에 내가 무슨 말을 더 할 수 있겠는가?

2 ..... 사 랑

그러자 알미트라가 말했다.
"우리에게 사랑에 대해 말씀해 주십시오."
그는 천천히 고개를 들어 사람들을 바라보았다.
그들의 머리 위로 잠시 동안 정적이 머물렀다.
마침내 그는 목소리를 높여 말하기 시작했다.

사랑이 그대를 향해 손짓하거든 그를 따르라.
비록 그 길이 험하고 가파를지라도.
사랑의 날개가 그대들을 품거든 그에게 온몸을 내맡겨라.
비록 그 날개깃 속에 숨겨진 칼이 그대들에게 상처를 줄지라도.
그리고 사랑이 그대들에게 말할 땐 그 말을 의심하지 말고 믿어라.
비록 매서운 북풍이 아름다운 뜰을 폐허로 만들듯 사랑의 목소리가 그대들의 꿈을 흩트려놓을지라도.

왜냐하면 사랑은 그대들에게 면류관을 씌워주지만, 또 그대들을 십자가에 못 박기도 하니까.

사랑은 그대들의 영혼을 성숙시키지만, 또 그대들을 꺾어 버린다.
사랑은 그대들의 마음속 가장 높은 곳까지 올라가 햇빛에 몸을 맡긴 그대들의 부드러운 가지를 어루만져주지만, 또 때로는 그대들 마음속 가장 낮은 곳으로 내려가 대지에 얽히지 못하도록 뿌리를 마구 흔들어댄다.

사랑은 마치 풍요로운 추수철에 곡식 단을 거두듯이, 그대들을 자기에게로 거두어들인다.
사랑은 그대들을 타작하여 알몸으로 만들고, 그대들을 키질하여 껍질을 털어 버린다.
사랑은 그대들을 갈아 흰 가루로 만들고, 그대들을 그지없이 부드러워질 때까지 반죽한다.
그런 다음 그대들을 자기의 성스러운 불꽃 위에 올려 거룩한 빵이 되도록 구워서 신의 거룩한 잔치에 내놓는다.
이렇듯 사랑은 이 모든 일들을 베풀어 그대들로 하여금 마음의 비밀을 깨닫게 한다. 그리고 그 깨달음으로 큰 생명의 한 부분이 되게 하는 것이다.

그러나 만일 두려움 때문에 사랑의 평안과 사랑의 기쁨만을 찾으려 한다면, 차라리 그땐 자신의 알몸을 가리고 사랑의 타작마당을 빠져나가는 게 좋으리라.
거기서 나가 어떤 계절도 없는 세상으로, 그대들이 웃고 싶어도 마음껏 웃을 수 없고 아무리 울고 싶어도 마음껏 울 수 없는 그런 곳으로……

사랑은 오로지 자기 자신 외에는 아무것도 주지 않으며, 자기 자신 외에는 그 어떤 것도 원하지 않는다.
사랑은 소유하지 않으며, 누구의 소유도 되지 않는다.
사랑은 사랑 자체만으로 충분하므로……

그대들이 사랑을 할 때 '신은 내 마음속에 계신다.'라고 말하지 마라. 그보다는 '나는 신의 마음속에 있다.'라고 말해라.
또한 그대들 자신이 사랑의 길을 지시할 수 있다고 생각지 마라. 그대들이 자격 있음을 알게 된다면, 사랑이 그대들에게 길을 지시해 줄 것이므로.

사랑은 바라는 게 없다. 다만 사랑 자체를 채울 뿐.
그러나 그대들이 사랑을 하면서도 숱한 욕망에 사로잡힌다면, 다음의 것들이 그대들의 바람이 되게 하라.

굽이쳐 흘러, 어둠이 내리는 곳으로 노래하며 달려가는 한 줄기 시냇물처럼 되기를.

너무나 깊은 애정의 고통을 알게 되기를.

스스로 사랑을 알게 됨으로써 상처받게 되기를.

그리하여 즐거운 마음으로 기꺼이 피 흘리게 되기를.

새벽에는 날개 달린 마음으로 일어나, 사랑의 날을 또 하루 보내게 되었음을 감사하게 되기를.

낮에는 평화로이 쉬면서 황홀한 사랑의 기쁨 속에서 명상할 수 있게 되기를.

해질 무렵엔 감사하는 마음으로 집으로 돌아올 수 있게 되기를.

그리고는 사랑하는 이들을 위해 마음속으로 기도하고, 입술로 찬미의 노래를 부르며 잠들게 되기를.

3 __ 결 혼

그러자 알미트라가 또다시 물었다.
"스승이여, 그러면 결혼이란 무엇입니까?"
그가 이렇게 대답했다.

그대들은 함께 태어났으며, 또한 영원히 함께할 것이다.
죽음의 흰 날개가 그대들의 삶을 흩어지게 하는 그 순간까지
함께 있으리라.
그렇다, 신의 말없는 기억 속에서도 그대들은 영원히 함께
있으리라. 그리하여 맞잡은 손을 결코 놓지 않으리라.
그러나 그대들이 함께 존재하기 위해서는 적당한 거리를
두어야 한다. 그래야만 하늘에서 불어온 바람이 그대들 사이에
서 춤출 수 있으므로······.

서로 사랑하라. 그러나 사랑으로 구속하지는 마라.

차라리 그대들 영혼의 기슭 사이에 쉼 없이 출렁이는 바다를 놓아두라.

서로의 잔을 채워주되, 어느 한쪽의 잔만을 마시지 마라.

서로의 빵을 주되, 어느 한쪽의 빵만을 먹지 마라.

함께 노래하고 춤추며 즐거워하되, 그대들 각자의 영혼은 고독한 채로 두어라. 마치 하프의 줄들이 한 가락에 울릴지라도 줄은 저마다 혼자이듯이…….

서로에게 마음을 주되, 서로의 마음속에 묶어 두지는 마라.

오직 큰 생명의 손길만이 그대들의 마음을 간직할 수 있으리라.

그 자리에 함께 서 있어라. 그러나 너무 가까이 다가서지는 마라.

사원의 기둥들도 서로 떨어져 서 있고, 참나무와 사이프러스 나무도 서로의 그늘 속에서는 자랄 수 없으니…….

4 ..... 아이들

그러자 아기를 품에 안고 있던 한 여인이 말했다.
"저희에게 아이들에 대해 말씀해 주십시오."
그가 말했다.

그대들이 낳은 아이라고 해서 그대들의 아이는 아니다.
아이들은 스스로를 그리워하는 큰 생명의 아들이며 딸인 것.
단지 그대들을 거쳐서 왔을 뿐 그대들에게서 나온 것이 아니다.
그러므로 비록 그대들과 함께 있을지라도, 아이들은 그대들의 소유가 아니다.

그대들은 아이들에게 사랑은 줄 수 있지만, 그대들의 생각까지 줄 수는 없다.
왜냐하면 아이들은 그들 자신의 생각을 갖고 있으므로.

그대들은 아이들에게 육신의 집은 줄 수 있지만, 영혼의 집까지 줄 수는 없다.

왜냐하면 아이들의 영혼은 내일이라는 이름의 집에 살고 있으므로. 그대들은 결코 찾아갈 수 없는, 꿈속에서도 가볼 수 없는 내일의 집에……

그대들이 아이들과 같이 되려고 애쓰는 것은 좋으나, 아이들을 그대들과 같이 만들려고 애쓰지 마라.

왜냐하면 삶이란 결코 과거로 되돌아가지 못하며, 어제에 머물러 있지도 않는 것이므로…….

그대들은 활이다. 그리고 그대들의 아이들은 생명의 화살이 되어 그대들로부터 앞으로 쏘아져 날아간다.

그리하여 활 쏘는 이가 무한의 길 위에 놓인 과녁을 겨누고, 그 화살이 보다 빠르고 보다 멀리 날아가도록 온힘을 다해 그대들을 당겨 구부리는 것이다.

그대들은 활 쏘는 이의 손길에 구부러짐을 기뻐하라.

왜냐하면 그분은 날아가는 화살을 사랑하시는 만큼, 또한 흔들리지 않는 활도 사랑하시므로…….

5 ⸻ 베 풂

그러자 이번에는 부자 한 사람이 말했다.
"남에게 베푸는 일에 대해 말씀해 주십시오."
그가 말했다.

그대들이 가진 것을 베풀었을 때 그것은 베푸는 것이 아니다.
참된 베풂은 자신을 베푸는 것뿐.

그대들이 가진 것이란 무엇인가? 혹시 내일 필요할지도 모른다는 두려움 때문에 간직하거나 지키는 것에 불과하지는 않은가?

또 내일이라는 것은……. 순례자들을 따라 거룩한 도시로 가면서 모래밭에 뼈다귀를 묻어두는 지나치게 조심성 많은 개에게 그 내일이 무엇을 가져다 줄 것 같은가?

또 모자랄까 두려워함이란 무엇인가? 두려워함, 그것이 이미 모자람 아닌가?

집에 흘러넘치는 샘을 두고도 목마름을 두려워한다면, 그 목마름은 영원히 채울 길이 없지 않은가?

세상에는 많은 것을 가졌으나 조금밖에 베풀지 않는 이들이 있다.

그런 이들은 남이 알아주기를 바라며 베풀기 때문에, 그 숨은 욕심이 그나마 베푼 것마저도 추한 것으로 만들어 버린다.

그러나 가진 것은 조금밖에 없으나, 그가 가진 전부를 베푸는 이들이 있다.

이들이야말로 삶의 의미를 믿으며, 그 의미의 자비로움을 믿는 사람들이다. 그리하여 그들의 주머니는 결코 비는 날이 없을 것이다.

세상에는 또 기쁨으로 베푸는 이들도 있으니, 그 기쁨이 바로 그들의 보상이다. 또 고통 속에서 주는 사람이 있으니, 그 고통은 바로 그들의 세례인 것이다.

그러나 베풀되 고통도 모르고, 기쁨도 찾지 않으며, 덕을 행한다는 생각도 없이 베푸는 이들이 있다.

그들은 마치 저 깊은 계곡의 상록수가 허공에 향기를 풍기듯 그렇게 베푼다.

그리하여 신은 이런 이들의 손길 사이로 말씀하시고, 이들의 눈 속에서 그분은 대지를 향해 미소 짓는다.

어떤 사람의 부탁을 받고 베푸는 것, 그것은 좋은 일이다. 그러나 절박한 부탁을 받기 전에 먼저 그 사정을 이해하여 베푸는 것, 그것은 더욱 좋은 일이다.

그러므로 아낌없이 주려는 사람에겐 받을 이를 찾는 기쁨이 주는 기쁨보다 더 크다.

그런데 지금 그대들이 움켜쥐고 있는 것은 무엇인가?

그대들이 가진 것은 언젠가는 모두 다 주어야 하는 것을.

그러므로 지금 줘라! 베풂의 때가 그대들 뒷사람의 것이 아니라 그대들 자신의 것이 되게 하라.

그대들은 가끔 말한다.

'나는 아낌없이 베풀리라. 그러나 그것에 보상이 있을 때에만 그러하리라.'

하지만 과수원의 나무들, 목장의 양떼들은 결코 그렇게 말하지 않는다.

그들은 자신들이 살기 위해 베푼다. 서로 나누지 않고 움켜쥐는 것은 멸망으로 가는 지름길이기에……

분명한 것은, 낮과 밤을 맞이할 자격이 있는 사람이라면 그대들로부터 무엇이나 받을 자격이 있다.

생명의 바다에서 헤엄쳐도 될 만한 사람이라면, 그대들의 작은 시냇물로 그의 잔을 가득 채워도 좋은 사람인 것이다.

한번 생각해 봐라. 그대들이 베푸는 것을 받아들이는 저 용기와 확신, 아니 그보다도 그대들의 베풂을 선뜻 받아주는 저 자비심 외에 무슨 자격이 더 필요한가?

또 그 사람들의 가슴을 찢고 자존심을 벌거벗겨서, 그들의 형편없이 된 가치와 찢어진 자존심을 바라보는 그대들은 대체 누구인가?

무엇보다도 먼저, 그대들은 누군가에게 무엇인가를 줄 자격이 있는가? 과연 그대들은 베풀 수 있을 만한 그릇을 갖고 있기나 한 것인가?

우리에게 생명을 주는 자는 오직 생명 자체뿐이며, 스스로를 베푸는 자라고 생각하는 그대들은 단지 증인에 불과할 뿐이다.

그리고 그대들 받는 이들이여!

물론 그대들은 남이 베푸는 것을 받는 자리에 있지만, 어떻게 감사해야 할지에 대해서는 생각하지 마라. 그러면 그대들 자신에게도, 베푸는 이에게도 멍에를 씌우게 된다.

그보다는 주는 자와 함께 그의 선물을 날개 삼아 날아오르라.

지나치게 그대들의 빚을 걱정함은 주는 이의 자비를 의심하는 것일 뿐이다. 그러므로 아낌없이 주는 땅을 어머니로 삼고 신을 아버지로 삼은 그의 넓은 마음을 의심 없이 받아들여라.

6 ___ 먹고 마심

이번에는 여관 주인인 한 노인이 말했다.
"저희에게 먹고 마시는 일에 대해 말씀해 주십시오."
그가 노인에게 눈인사를 한 뒤 말했다.

그대들이 대지의 향기로만 살 수 있고, 풀처럼 햇빛으로만 살 수 있다면 얼마나 좋을까?

하지만 그대들은 먹기 위해 무엇인가를 죽여야만 하고, 목마름을 달래기 위해 갓난 것들에게서 어미젖을 떼어내야 한다.

그러므로 그 모든 행위를 하나의 예배가 되게 하라.

그대들의 식탁을 제단으로 삼아, 그 위에서 숲과 평원의 순수한 것들이 인간 내면의 보다 깨끗하고 순결한 것을 위해 희생되도록 하라.

그대들이 짐승을 죽여야 할 때는 마음속으로 그 짐승에게 이렇게 속삭여라.

'너를 죽이는 바로 그 힘으로 나 역시 죽임을 당하며, 나 역시 먹힌다.

너를 나의 손아귀 속으로 인도해 준 그 법칙은 보다 힘센 손아귀 속으로 나를 인도할 것이기에.

너의 피나 나의 피나 다른 것이 아니라, 하늘 나무를 키우는 수액(樹液)에 불과한 것일 뿐.'

그대들의 이빨로 사과를 깨물 때는 마음속으로 속삭여라.

'너의 씨앗은 내 몸속에서 살 것이며, 너의 미래의 싹은 내 심장 속에서 꽃피울 것이다.

그리하여 너의 향기는 내 영혼의 숨결로 변하여, 우리는 함께 온 계절을 누리리라.'

또한 가을이 되어 포도주를 짜기 위해 그대들의 포도밭에서 포도송이들을 거둬들일 땐 마음속으로 이렇게 속삭여줘라.

'나 역시 포도밭과 같으니, 나의 열매 또한 포도주를 짜기 위해 거두어질 것이다. 그런 다음 나 역시 새 포도주처럼 영원의 항아리 속에 담겨질 것이다.'

그리하여 겨울이 되어 그대들이 포도주를 따를 때면, 잔마다 하나의 노래가 그대들의 마음속에 있게 하라.

또한 그 노래 속에 담긴 그 가을날들과 포도밭과 포도주 짜던 추억을 잊지 마라.

7 ___ 일

이번에는 농부 한 사람이 말했다.
"저희들에게 일에 대해 말씀해 주십시오."
그가 말했다.

그대들이 일을 하는 것은 대지와, 또한 대지의 영혼과 함께 발맞추어 나아가기 위해서이다.
게으름이야말로 계절을 외면하는 것이며, 장엄하고도 자랑스럽게 영원을 향해 나아가는 삶의 행렬에서 벗어나는 일이다.

땀 흘려 일을 하는 그대들은 피리가 되고, 시간의 속삭임은 음악으로 변해 그 피리 속으로 울려 퍼진다.
모두 어울려 하나의 숨결로 노래할 때, 그대들 중 그 누가 혼자서 말 못 하는 벙어리 갈대 노릇을 하고 싶겠는가?

그대들은 언제나 일이란 짊어지고 싶지 않은 재앙과 같은 것이고, 노동이야말로 불운한 자의 몫이라는 말을 들어왔다.

그러나 나는 그대들에게 말한다.

그대들이 일을 하는 것은 대지의 가장 깊은 꿈의 한 조각을 채우는 것이라고 그 꿈이 처음 생겨났을 때부터 오직 그대들의 몫으로 남겨진 그 한 조각을…….

또 그대들은 일을 통해서만 진실로 삶을 사랑할 수 있으며, 또 일을 통해서 삶을 사랑하는 길만이 삶의 가장 깊은 비밀을 알게 되는 것이다.

그러나 만일 그대들이 괴로운 나머지 세상에 태어남을 고통이라 하고 육신으로 살아감을 그대들의 이마에 씌어진 저주라고 한다면, 그렇다면 내 감히 대답하리라.

그대들의 이마에 흐르는 땀만이 그 저주를 씻어줄 것이라고.

또한 그대들은, 삶은 걷히지 않는 암흑 속을 헤매는 것일 뿐이라는 말을 들어왔다. 그리고 그대들 역시 약간의 고달픔만으로도 삶에 지친 자들의 말을 되풀이한다.

그러나 나는 말한다.

열정이 없으면 삶은 그야말로 암흑이며, 또 모든 열정은 깨달음이 없는 한 장님에 불과한 것이라고.

또한 모든 깨달음은 일하지 않는 한 헛된 것이며, 모든 일은 사랑이 없는 한 공허한 것이라고…….

그대들이 진정 사랑으로 일할 때에 그대들은 자신을 스스로에게 붙들어 매고, 다음에는 서로서로 그리고 마지막엔 신(神)에게 붙들어 매게 된다.

그러면 사랑으로 일한다는 것은 무엇을 의미하는가?

그것은 그대들의 심장에서 뽑아낸 실로 옷을 짜는 것이다. 마치 사랑하는 이가 그 옷을 입기라도 할 것처럼.

그것은 그대들의 애정으로 집을 짓는 것이다. 마치 사랑하는 이가 그 집에 살기라도 할 것처럼.

그것은 그대들의 정성으로 씨를 뿌려서 기쁨으로 거두는 것이다. 마치 사랑하는 이가 그 열매를 먹기라도 하는 것처럼.

또한 그것은 그대들이 만드는 모든 것들 속에 그대들의 영혼의 숨결을 불어넣는 것이다.

그리하여 모든 축복받은 죽은 자들이 그대들 곁에 서서 그대들을 지켜보고 있음을 깨닫는 것이다.

나는 때때로 그대들이 잠꼬대인 양 중얼거리는 말을 들었다.

'대리석을 가지고 일하면서, 돌 속에서 자신의 영혼의 모습을 발견하는 자는 땅을 가는 자보다 더 고상하다. 또 무지개를 잡아 헝겊 위에 인간의 형상을 그려내는 자는 우리가 신을 신발을 만드는 이보다 고상하다.'

하지만 나는 말한다. 잠 속에서가 아니라 활짝 깨어 있는 대낮에…….

바람은 키 큰 참나무라고 해서 하찮은 풀잎보다 더 다정하게 속삭이지 않는다.

그러므로 자신의 사랑으로 바람 소리를 변화시켜 더 부드러운 노래로 변화시키는 자야말로 위대한 사람이다.

노동이란 모두의 눈으로 볼 수 있게 만들어진 사랑이다.

만약 그대들이 사랑으로 일하지 못하고 싫은 마음으로 일할 수밖에 없다면, 차라리 그대들은 일을 버리고 사원 문 앞에 앉아 기쁨으로 일하는 이들에게 구걸을 하는 편이 더 나으리라.

왜냐하면 그대들이 만약 냉담한 손길로 빵을 굽는다면, 인간의 배고픔을 반도 채우지 못할 쓴 빵을 굽는 것과 같은 이치이기 때문이다.

또한 그대들이 원한에 차서 포도를 짓이긴다면, 그대들의 원한은 고스란히 포도주에 녹아들어 독을 뿜으리라.

또한 그대들이 천사처럼 노래하면서도 자신이 그 노래를 좋아하지 않는다면, 그대들은 사람들을 귀먹게 하여 낮과 밤의 소리를 듣지 못하게 할 뿐이다.

8 ⸺ 기쁨과 슬픔

이번에는 한 여인이 말했다.
"저희에게 기쁨과 슬픔에 대해 말씀해 주십시오."
그가 말했다.

그대들의 기쁨과 슬픔은 서로 등을 맞대고 있는 형제 같은
것이다. 그러므로 그대들의 기쁨은 가면을 벗은 그대들의 슬픔
인 것이다.

그대들의 웃음이 떠오르던 바로 그 샘이 때로는 그대들의
눈물로 채워진다.

어찌 그렇지 않을 수 있겠는가?

슬픔이 그대들의 존재 속으로 깊이 파고들수록, 그대들은
더 많은 기쁨을 거기에 담을 수 있다.

도공(陶工)의 가마 속에서 모진 뜨거움을 견뎌내며 구워진
그 잔이 그대들의 포도주를 담는 바로 그 잔이 아닌가?

또한 아름다운 선율로 그대들의 영혼을 달래는 피리가 칼로 후벼 파낸 바로 그 나무로 만들어지는 것이 아닌가?

그대들이 기쁠 때 가슴속 깊은 곳을 들여다보라. 그러면 알게 되리라. 그대들에게 커다란 기쁨을 주었던 바로 그것이 그대들에게 모진 슬픔도 주었음을.

그대들이 슬플 때에도 가슴속을 다시 한번 들여다보라. 그러면 그대들에게 기쁨을 주었던 바로 그것 때문에 지금 울고 있음을 알게 되리라.

그대들 중의 어떤 이는 말한다.

'기쁨은 슬픔보다 위대한 것이다.'라고.

그러나 또 어떤 이는 말한다.

'아니, 슬픔이야말로 정말 위대하다.'라고.

하지만 나는 그대들에게 말하노라.

그 둘은 결코 떨어질 수 없는 것이라고.

그 둘은 언제나 함께 온다. 그러므로 하나가 홀로 그대들의 식탁 앞에 앉아 있다면, 기억하라. 다른 하나는 그대들의 침대 위에서 잠들어 있음을…….

그대들의 영혼이 기쁨과 슬픔 사이에 저울처럼 매달려 있음을 그대들은 진정 모른다.

그러므로 그대들의 마음이 텅 비어 있을 때에만 그대들은 움직임을 멈추고 균형을 이룬다.

삶이라는 보물을 지키는 사람은 창고 안에 넣어둔 금과 은을 달고자 할 때 그대들을 멈추어 들어 올린다.

그런 까닭에 그대들의 기쁨, 혹은 그대들의 슬픔은 오르락내리락하지 않을 수가 없는 것이다.

9 .... 집

다음에는 석수장이가 앞으로 나와서 이렇게 말했다.

"저희들이 사는 집에 대해 말씀해 주십시오."

그가 말했다.

그대들은 도시의 성벽 안에 집을 짓기 전에 광야에다 그대들이 상상하던 초당(草堂) 하나를 지으라.

그대들이 황혼녘이면 집으로 돌아오듯 그대들 속에 있는 외로운 나그네도 결국 돌아오리니.

그대들의 집은 보다 큰 그대들의 육체.

그 집은 햇빛 속에서 자라며 밤의 고요 속에서 잠든다. 또한 꿈꾼다.

그대들의 집 또한 꿈을 꾸지 않던가? 꿈꾸며 도시를 떠나 숲이나 언덕 위로 가지 않던가?

내가 씨 뿌리는 사람처럼 그대들의 집들을 내 손에 거두어 숲과 초원에 뿌릴 수 있다면…….

그리하여 골짜기는 그대들의 거리가 되고 초록빛으로 물든 길들은 그대들의 오솔길이 되어, 그대들이 포도밭 사이에서 서로를 찾아다니고 그대들의 옷깃에 흙냄새를 품어 돌아올 수 있다면…….

그러나 이런 일들은 도저히 일어날 수 없는 내 이른 저녁의 선잠 속에서 꾸는 얕은 꿈일 뿐이다.

그대들의 조상들은 두려움 때문에 그대들을 너무 가까이 모아놓았다. 그리고 그 두려움은 얼마간 더 지속될 것이다. 앞으로도 그대들의 성벽은 자연으로부터 그대들의 집을 얼마간 떼어놓으리라.

오르팰리스 시민들이여, 이젠 내게 말해 다오.

그대들의 집 속에 쌓아둔 그것은 무엇인가? 또 문을 잠그고 그대들이 지키려고 하는 것, 그것은 도대체 무엇인가?

내 그대들에게 묻노라. 그대들에게 정녕 자신의 힘을 보여줄 말없는 영혼의 안식인 평화가 있는가?

과연 그대들은 마음의 산봉우리들을 이어주는 반짝이는 둥근 다리에 대한 기억을 가지고 있는가?

그대들에게는 아름다움이 있는가? 나무와 돌로 만들어진 물건에서 그대들의 가슴을 이끌어내어 거룩한 산으로 인도해 줄 아름다움이…….

말해 다오. 그대들의 집 속에 이 모든 것을 지니고 있는가?

혹시 그대들은 제 한 몸의 편안함만 추구하는 육신의 갈망에 빠져 있는 것은 아닌가?

처음엔 손님으로 찾아와서는 이윽고 주인이 되고, 드디어는 정복자가 되고야 마는 그런 음흉한 편안함에 자리를 내주고 있지는 않은가?

그렇다. 그것은 그대들을 길들이는 폭군이 되어 갈고리와 채찍으로 그대들을 더욱 큰 욕망의 꼭두각시로 만들어 버린다.

비록 그자의 손길은 비단결 같을지라도, 그자의 가슴은 무쇠로 만들어져 있다.

또한 그자는 그대들의 침상 옆에 서서 노래를 불러주어 잠이 들게 하나, 그러면서도 한편으로는 그대들 육체의 존엄성을 비웃고 있다.

그자는 그대들의 건전한 감각을 조롱하면서, 금방이라도 깨어질 그릇이기라도 한 것처럼 엉겅퀴 가시 속에 던져 버린다. 또한 진실로 편안함을 탐하는 마음은 영혼의 정열을 말끔히 죽여 버린다. 그런 다음 한껏 으스대면서 장례식장으로 걸어가는 것이다.

그러나 우주의 자녀들이며 잠 속에서도 잠들지 못하는 그대들은 그 덫에 걸리지도, 길들여지지도 마라.

그대들의 집은 닻이 아니라 돛대가 되어야 한다.

또한 상처를 잠시 덮어두는 반짝이는 껍질이 아니라 눈의 생명력을 지키는 눈꺼풀이 되어야 한다.

그대들은 문으로 들어가려고 날개를 접어서도 안 되고, 또 천정에 부딪히지 않으려고 머리를 숙여서도 안 되며, 벽이 무너져 내릴까봐 숨쉬기를 두려워해서도 안 된다.

그대들은 결코 죽은 자가 산 자를 위해 만든 무덤 속에선 살지 마라. 그리고 그 집이 아무리 장대하고 화려함에 차 있을지라도 그대들의 비밀을 감추게 만들지 마라. 또한 무한한 세계에 대한 그대들의 동경을 가리지 못하게 하라.

왜냐하면 그대들 속에 있는 무한한 것은 아침 안개가 그 집의 문이요, 밤의 노래와 고요가 그 집의 창문인 하늘의 집에만 머물고 있기 때문이다.

10 ___ 옷

그러자 이번에는 옷을 짜는 직공 한 사람이 말했다.
"저희들이 입는 옷에 대해 말씀해 주십시오."
그가 말했다.

그대들의 옷이란 아름다움을 많이 가리면서도 아름답지 못한 것은 가리지 못한다.

그대들은 옷으로써 개인의 자유를 얻으려 하지만, 그러나 도리어 그 옷이 갑옷이 되고 사슬이 됨을 알게 되리라.

내 그대들에게 바라노니, 그대들이 지금보다 옷을 좀 덜입고 살을 좀 더 내놓아 햇빛과 바람을 더 많이 만나도록 하라.

왜냐하면 우리 인간에게 주어진 생명의 숨결은 햇빛 속에 그 뿌리가 있고, 그 생명의 손길은 바람 속에 있으니까…….

그대들 중 누군가는 이렇게 말한다.

'우리의 옷을 짜준 이는 북풍이다.'

나 역시 그렇게 말한다. 그래, 그것은 북풍이었다고.

그러나 그의 베틀은 수줍음, 그의 실은 연약해진 힘줄이다.

그리하여 옷 짜는 일을 다 마쳤을 때 바람은 숲 속에서 웃었다.

그대들은 잊지 마라. 수줍음이란 부정한 이의 눈을 가리는 방패일 뿐이라는 것을.

그리하여 부정한 이가 더 이상 없게 되었을 때, 그 수줍음이란 오히려 마음의 족쇄, 마음의 더러움이 아니고 무엇이겠는가.

그러므로 결코 잊지 마라.

대지는 그대들의 맨발이 닿는 감촉을 기뻐하고, 바람은 그대들의 머리카락과 장난치기를 간절히 바라고 있음을……

11 ⸺ 사고파는 일

그러자 이번에는 한 상인이 말했다.
"저희에게 사고파는 일에 대해 말씀해 주십시오."
그가 말했다.

대지는 그대들에게 자신의 모든 열매를 준다.
그러므로 그대들이 그것을 어떻게 얻어낼지 알아내면 결코
부족함이 없으리라.
풍요와 만족이란 그대들이 대지의 선물을 서로 잘 교환함으
로써 얻을 수 있는 것이다. 다만 그것이 사랑과 부드러운 정의로
이루어지지 않는다면, 그것은 그대들을 탐욕과 굶주림으로
이끌 뿐이리라.

바다와 들, 혹은 포도밭의 일꾼인 그대들이 장터에서 길쌈하
는 자나 질그릇 굽는 자, 혹은 향료 장수를 만날 때면 간절히

빌라. 서로의 값을 매기는 계산과 셈을 깨끗이 할 수 있도록 대지를 주관하는 절대 신께서 그대들 마음속에 왕림하여 저울의 눈금에 성스런 입김을 불어넣어 달라고 마음으로 기원하라.

그리고 텅 빈 손으로 와서 말로써 그대들의 수고를 사려는 자들이 있으면, 그들을 그대들의 거래에 끼지 못하게 하라.

그대들은 그런 자들에게 이렇게 말해라.

'자, 우리와 함께 포도밭으로 갑시다. 아니면 우리 형제와 함께 바다로 나가 그물을 던집시다. 우리에게 그랬던 것처럼 대지와 바다는 그대들에게도 넉넉히 주실 것이다.'

만일 그 장터에 노래하는 이들과 춤추는 이들과 피리 부는 이들이 온다면, 그들의 선물도 사주어라.

그들 역시 열매와 향료를 거두는 자들이며, 그들이 가져오는 것이야말로 비록 꿈의 형상을 하였을지라도 그대들 영혼에 입힐 옷이며 먹일 음식이기 때문이다.

그리하여 그대들이 장터를 떠나기 전에 보라. 누가 빈손으로 가는 이가 없는가를.

대지를 주관하는 절대 신은 그대들 중 지극히 작은 자에게까지도 그 필요한 것이 채워지기 전에는 결코 바람 위에 평화롭게 잠들지 못한다.

12 ___ 죄와 벌

그러자 이번에는 그 성의 재판관 한 사람이 앞으로 나와 말했다.

"저희에게 죄와 벌에 대해 말씀해 주십시오."

그가 말했다.

그대들의 영혼이 바람 속을 헤매어 다닐 때면, 아무도 지켜주는 이 없이 홀로이기 때문에 그대들은 누구에겐가 죄를 짓고 또한 그대들 자신에게도 죄를 짓는다.

그리하여 이미 지은 그 죄 때문에 그대들은 천국의 문 앞에서 아무도 쳐다봐 주는 이가 없어도 하염없이 문을 두드리며, 기다리고 또 기다려야 하는 것이다.

그대들의 신적 자아(神的自我, Good Self)는 마치 큰 바다와도 같다.

그것은 영원히 더럽혀지지 않는다.

그것은 가벼운 공기와도 같아 날개 있는 것을 들어올린다.

또한 그대들의 신적 자아는 태양과도 같다.

그것은 두더지의 길을 모르며 뱀의 구멍을 찾지 않는다.

그러나 그 신적 자아는 그대들의 존재 내면에 홀로 살고 있는 것은 아니다.

그대들 속의 많은 부분은 아직 인간에 불과할 뿐이며, 또 다른 많은 부분은 미처 인간에 이르지 못한 부분도 많다.

다만 스스로 깨어날 때를 기다리며, 잠든 채 안개 속을 헤매는 볼품없는 난장이들만 있을 뿐.

그러나 이제 나는 그대들 속에 자리하고 있는 바로 그 인간에 대해 말하려 한다.

죄와 벌에 대해 아는 이는 안개 속의 난쟁이도, 그대들의 '신적 자아'도 아닌, 다만 내면 속의 그이기 때문이다.

때로 그대들은 잘못을 저지른 죄인이 그대들 중의 한 사람이 아니라 아주 낯선 이방인인 것처럼 말한다. 마치 어느 날 갑자기 그대들의 세계로 뛰어든 침입자쯤으로 여기는 것이다.

그러나 나는 감히 단언한다.

아무리 거룩하고 성스러운 자라 할지라도 그대들 한 사람 한 사람 속에 있는 저 지극히 높은 것보다 더 높이 올라갈 수는 없다고……

또 아무리 악한 자일지라도 그대들 각자 속의 더없이 낮은 것보다 더 떨어질 수는 없다고……

하나의 나뭇잎이 갈색으로 변하는 것도 나무 전체의 말없는 이해 없이는 가능하지 않듯이, 죄 지은 자도 그대들 모두의 숨은 뜻 없이는 어떤 죄도 범할 수 없는 것이다.

그대들은 단지 그대들의 '신적 자아'를 향해 마치 하나의 행렬처럼 함께 나아가는 것이다.

그대들은 길이며 또한 나그네이다.

그리하여 그대들 중의 누군가가 넘어진다면, 그것은 바로 뒤에 오는 이들을 위해서 그렇게 하는 것이다. 걸려 넘어지는 장애물이 거기에 있음을 경고하기 위해서.

그렇다. 그는 자신을 앞서간 이들을 위해 넘어지는 것이기도 하다. 비록 빠르고 확실한 걸음으로 갈지라도 아직 장애물로부터 완벽하게 벗어나지 못한 이들을 위하여.

또 비록 이 말이 그대들의 가슴을 무겁게 짓누를지라도 이 역시 사실이다.

죽임을 당한 자, 자신의 죽음에 책임이 없지 않다.

도둑맞은 자, 자신의 도둑맞음에 잘못이 없지 않다.

정의로운 자, 사악한 자의 행위 앞에서 완전히 결백할 수 없다.

그리고 정직한 자, 중죄인(重罪人)의 행위 앞에서 결코 완벽한 결백을 주장할 수 없다.

그렇다, 죄인이란 때로 피해자의 희생물이기도 한 것이다.

그러므로 죄 지은 자는 죄 없는 자의 짐을 대신 지고 가는 자라고 할 수 있으리라.

그대들은 결코 부정한 자와 정의로운 자를, 사악한 자와 선한 자의 경계를 그을 수 없다.

왜냐하면 그들은 검은 실과 흰 실이 함께 섞이어 조화를 이루듯 태양빛 아래 나란히 서 있기 때문이다.

생각해 보라. 만약 검은 실이 끊어지기라도 한다면 직공은 그 헝겊 전부를 살펴보아야 할 뿐 아니라 베틀까지도 조사해야 하는 것이다.

그대들 중의 누군가가 부정한 아내를 재판하고자 한다면, 먼저 그녀 남편의 마음을 저울에 달아보고 그 영혼도 자로 재어보라.

또 죄인을 채찍질하려거든 그 죄지은 자의 영혼도 함께 살펴보라.

그대들 중의 누군가가 정의의 이름으로 벌하려 한다면, 그대들의 기준으로 악의 나무에 도끼질을 하려 한다면, 먼저 그 나무의 뿌리를 살펴보라.

그러면 그대들은 비로소 선과 악의 뿌리, 그리고 열매 맺는 것과 열매 맺지 못하는 것의 뿌리가 대지의 말없는 가슴속에 함께 뒤엉켜 있음을 알게 되리라.

그대들, 정의롭게 재판하려는 자들이여!

그대들은 비록 육체적으로는 정직하나 정신적으로는 도둑인 자에게 어떤 판결을 내릴 것인가?

또 육체적으로는 살인자이나 정신적으로는 그 자신이 살인을 당한 자에게 그대들은 어떤 형벌을 내릴 것인가?

또 그대들은 어떻게 고소를 할 것인가?

비록 겉으로는 남을 속인 자요 억압한 자이지만, 그 역시 박해받고 폭행당한 자인 그를 어떻게 다루려는가?

그리고 뉘우침이 이미 저지른 죄보다 더 큰 자들을 그대들은 어떻게 벌하려 하는가?

그대들이 기꺼이 감수하고 따르는 그 법에 의해 집행되는 정의란 바로 뉘우침이 아니겠는가?

하지만 그대들은 죄 없는 이에게 뉘우침을 요구할 수도 없고, 또 죄지은 자에게서 뉘우침을 빼앗을 수도 없으리라.

뉘우침이란 그대들이 요구하지 않아도 캄캄한 밤중에 불현 듯 찾아와 죄지은 자를 깨우고 스스로를 응시하게 하리라.

그러므로 그대들이 진정으로 정의를 깨닫고자 한다면, 이 모든 행위를 충만한 빛 속에 비춰보지 않고서야 어떻게 깨달을 수 있단 말인가?

　오직 그 순간에만 비로소 깨닫게 되리라.
　의로운 자와 의롭지 못한 자의 차이란 단지 소아병적인 인간의 밤과 '신적 자아'의 낮 사이의 경계를 비추는 희미한 빛 속에 서 있는 한 인간에 불과하다는 것을……
　또한 사원의 머릿돌이 어느 길가에 나뒹구는 돌보다 결코 높지 않다는 것을 깨닫게 될 것이다.

13......... 법

그러자 이번에는 한 법률가가 물었다.
"스승이시여, 그러면 법에 대해선 어떻게 생각하십니까?"
그가 대답했다.

그대들은 법을 만들기를 좋아한다.
물론 다른 한편으로는 법을 깨뜨림을 더욱 즐거워한다. 마치 바닷가에서 끊임없이 모래성을 쌓았다가는 웃으면서 그것을 허물어 버리는 아이들처럼.
그러나 그대들이 모래성을 쌓는 동안 바다는 보다 많은 모래를 기슭으로 밀어 보내고, 그리고 그대들이 웃으면서 모래성을 허물어 버릴 때면 바다도 그대들과 함께 웃음 짓는다.
실로 바다는 언제나 티 없이 맑은 것들과 함께 웃는다.

그러나 그 삶이 바다와 같지 않은 자, 자신들 스스로가 만든 법이 모래성과 같지 않은 자에겐 무어라 할 것인가?

삶이 바위와 같은 자, 그 바위에 그들 자신의 모습을 새기는 끌이 곧 법인 자에겐 또 어떠한가?

춤추는 자들을 질투하는 저 절름발이에겐 무어라 할 것인가?

저를 묶은 멍에만 좋다 하고 숲 속의 사슴과 노루를 보고는 떠도는 것들이라고 여기는 저 수소에게 무어라 할 것인가?

제 허물은 벗을 수 없다고, 다른 모든 뱀들을 벌거숭이이며 부끄러움도 모르는 것들이라고 소리치는 늙은 뱀에겐 무어라 할 것인가?

또한 결혼 잔치에 남보다 일찌감치 나타나서 실컷 먹어치운 다음 배를 두드리며 돌아가는 자, 모든 잔치란 다 위법이며 잔치 손님들도 법을 위반하는 자라고 떠드는 자에겐 무어라 할 것인가?

내가 이들에게 무슨 말을 할 것인가?

그들도 햇빛 속에 서 있지만 다만 태양을 등지고 선 것이라는 말밖에 어떤 말을 할 수 있겠는가?

그들은 다만 자기의 그림자만을 바라볼 뿐이며, 그것이 그들이 법이지 않은가?

그러면 그들에게 태양이란 무엇인가? 다만 그림자를 던져주는 것일 뿐.

또 법을 따른다는 것은 무엇인가? 땅에 엎드려 자신의 그림자를 쫓아가는 것일 뿐.

그러나 그대들, 태양을 향해 걸어가는 자들이여! 땅 위에
그려진 어떤 그림자가 그대들을 붙잡을 수 있을 것인가?

그대들, 바람과 함께 여행하는 자들이여! 어떤 풍향계가
그대들의 길을 인도해 줄 것인가?

그대들이여! 만일 인간이 만든 감옥의 문이 아니라 자기의
멍에를 부수는 것이라면, 어떤 인간의 법이 그대들을 구속할
것인가?

그대들이 인간이 만든 쇠사슬에 걸려 결코 비틀거리지 않고
춤을 춘다면, 어떤 법이 그대들을 두렵게 할 것인가?

또 그대들이 옷을 찢는다 해도 그것을 다른 누군가의 길에
버리지 않는다면, 누가 그 행위에 대해 판결을 하겠는가?

오르팰리스 시민들이여!

그대들은 북 소리를 약하게 할 수도 있고, 하프의 줄을 늘어지
게 할 수도 있다.

그러나 과연 누가 하늘을 나는 저 종달새에게 노래를 하지
말라고 명령할 수 있을 것인가?

14 ____ 자 유

그러자 이번에는 한 웅변가가 말했다.

"저희에게 자유에 대해 말씀해 주십시오."

그가 말했다.

성문 곁에서, 또 그대들의 집 난롯가에서 나는 그대들이 꿇어 엎드려 자신만의 자유를 위해 기도하는 모습을 보았다.

마치 어느 폭군의 발치에 머리를 조아리면서, 설사 자기를 죽일지라도 찬양해 마지않는 노예들처럼.

그렇다. 사원의 숲에서, 혹은 성채 그늘 아래서 나는 그대들 가운데 가장 자유롭다고 하는 자가 자유를 마치 멍에와 수갑처럼 차고 있는 것을 보았다.

그때 나는 가슴속으로 피를 흘렸다.

왜냐하면 자유를 찾고자 하는 욕망이 그대들의 입에 재갈을 물려서 더 이상 자유가 최후의 목적이며 성취라고 떠들 수 없어야만 그대들은 비로소 자유로울 수 있기 때문이다.

그대들은 걱정과 고통이 전혀 없는 한낮이나 욕망과 슬픔마
저도 소진된 밤이 되어야만 자유로운 것이 아니다.
차라리 그보다는 그 모든 것이 그대들 삶에 휘감기는 중에
그것들을 벗어던지고 얽매임 없이 일어설 때, 그때 그대들은
비로소 자유로우리라.

절대로 잊어서는 안 된다.
그대들이 맞이한 깨달음의 새벽에 한낮의 시간을 묶었던
사슬을 깨뜨리지 않는다면, 어떻게 그대들이 낮과 밤 저편으로
나아갈 수 있겠는가?
사실 그대들이 자유라고 부르는 것은 이 사슬들 중에서도
가장 강한 사슬인 것이다.
비록 그 사슬의 고리가 빛을 받아 반짝거리고 눈을 어지럽게
할지라도, 결코 그대들의 걸음을 멈추게 하지는 못한다.

또 그대들이 자유로워지기 위해 내버리려 하는 것, 그것은
무엇인가? 그것은 그대들이 보물처럼 애지중지하는 자아의
파편이 아닌가?
그대들이 내버리려고 하는 법이 설사 옳지 못한 법이라 하더
라도, 그것은 그대들이 만들고 그대들의 손으로 이마에 쓴

것이다.

그러므로 법전(法典)을 불사르고, 재판관의 이마를 씻기 위해 바닷물을 가져다 퍼붓는다고 해도 그것을 지울 수는 없으리라.

또한 그대들이 단죄하고자 하는 자가 폭군이라면, 먼저 확인해야 할 것이 있다. 바로 그대들의 내면에 세워져 있는 그의 권좌가 틀림없이 무너졌는지를 다시 한번 들여다봐야 한다는 것이다.

왜냐하면 아무리 폭군이라고 해도 자유 속에 조금의 포학함도 깃들여 있지 않고, 자긍심 속에 한 치의 부끄러움도 들어 있지 않다면 어떻게 자긍심에 찬 자유인을 다스릴 수 있겠는가?

지금 그대들이 벗어 던지려 하는 것이 근심이라면, 그것은 누군가에 의해 강요된 것이 아니라 대부분은 그대들 스스로가 선택한 것일 가능성이 높다.

또 그대들이 없애려 하는 것이 두려움이라면, 먼저 알아야 할 것이 있다. 그 두려움이란 것이 그대들 가슴속에 있는 것이지, 그 두려움을 지배하는 자의 손아귀에 있는 것이 아니라는 사실을······.

열망하는 것과 두려워하는 것.

꺼려하는 것과 소중히 여기는 것.

그리고 추구하는 것과 피하고 싶은 것.

이 모든 것들이 그대들의 존재 속에서 반쯤 뒤엉킨 채 끝없이 돌아가고 있다.

그대들 안에서 마치 한 쌍의 빛과 그림자처럼 달라붙어 끝없이 요동치고 있다.

그리하여 한 그림자가 사라지고 나면, 저 홀로 남은 빛은 서성거리다가 또 다른 빛의 그림자가 되고 마는 것이다.

이렇듯 그대들의 자유 또한 자신을 구속하던 족쇄에서 풀려 나면, 그 자체가 더 큰 자유의 족쇄가 되어 버린다는 사실을 잊지 마라.

15 ___ 이성과 열정

그러자 이번에는 여 사제가 다시 말했다.
"저희에게 이성과 열정에 대해 말씀해 주십시오."
그가 말했다.

그대들이여!
영혼의 세계는 언제나 싸움터다. 그 위에서 이성과 판단력이
열정과 욕망에 대항해서 싸움을 벌이고 있는 것이다.
내가 그대들 영혼의 조정자가 될 수 있다면, 그리하여 그
내면에 존재하는 모든 불화와 갈등을 다 쓸어 버려 하나로
만들고 순수의 노래로 변하게 할 수 있다면…… 그러나 내
어찌 그렇게 할 수 있으랴.
다만 이 점만은 분명히 말할 수 있다. 그대들 스스로가 그
영혼의 조정자가 되지 않는다면, 아니 그대들 스스로가 내면의
모든 것을 사랑하지 않는다면 그 누구도 그렇게 할 수 없다는

것을······.

그대들의 이성과 열정은 거친 바다 위를 달리는 그대들 영혼의 키이며 돛과도 같다.

만약 그 돛이나 키 중 어느 하나가 말을 듣지 않는다면, 그대들은 필경 정처 없이 표류하거나 혹은 바다 가운데 멈추어 서서 오도 가도 못하는 신세가 될 수밖에 없으리라.

왜냐하면 이성이란 홀로 지배하기엔 힘이 모자라며, 열정은 제멋대로 두면 스스로 타 없어지는 불길이기 때문이다.

그러므로 그대들은 영혼으로 하여금 이성을 열정의 높이에까지 이끌어 올려 노래 부르게 하라.

그리고 이성으로 하여금 열정을 인도하게 하여, 그대들의 열정이 날마다 스스로의 부활을 통해 살아가도록 하라.

마치 타고남은 잿더미 속에서 또다시 일어나는 불사조처럼.

내가 바라는 것은, 그대들이 자신의 판단력과 욕망을 자기 집에 초대한 소중한 두 손님처럼 생각하라는 것이다.

진실로 그대들은 어느 한 손님만을 다른 손님보다 높여서는 안 될 것이다.

왜냐하면 어느 한편에만 주의를 기울이다보면 결국 양쪽 모두의 사랑과 신뢰를 잃게 될 것이기 때문이다.

그대들이 나지막한 언덕의 백양나무 그늘에 앉아 멀리 보이는 들과 숲의 평화와 맑음을 맛보고 있을 때면, 가슴으로 하여금 고요히 말하게 하라.

'신은 이성 속에서 쉬신다.'라고.

또 폭풍이 불고 거대한 바람이 숲을 흔들고 천둥 번개가 하늘의 위엄을 드러낼 때면, 가슴으로 하여금 경외감에 차서 말하게 하라.

'신은 열정으로 움직이신다.'라고.

그대들은 신의 품 안의 한 숨결이며, 신의 숲 속의 한 잎이다.

그러므로 그대들 또한 이성 속에서 쉬고, 열정에 따라 움직여야 한다.

16 ____ 고 통

그러자 이번에는 한 여인이 말했다.

"저희에게 고통에 대해 말씀해 주십시오."

그가 말했다.

그대들의 고통이란 그대들의 깨달음의 껍질이 깨어지는 것.

과일의 씨도 햇볕을 쬐려면 그 굳은 껍질을 깨야 하듯이,

그대들도 고통을 이해하고 받아들이지 않으면 안 된다.

그대들이 날마다 일어나는 삶의 기적들을 가슴속에 경이로움으로 간직할 수 있다면, 그대들의 고통도 기쁨 못지않게 경이롭게 될 것이다.

그리하여 그대들이 들판 위로 지나가는 계절에 언제나 순응했듯이, 그대들 가슴속을 지나가는 계절도 즐거이 받아들이게 되리라.

더불어서 그대들 슬픔의 겨울 사이로 고요히 바라볼 수 있으

리라.

그대들 고통의 대부분은 스스로 선택한 것.

그것은 그대들 내면의 의사가 그대들의 병든 자아를 치료하느라 권하는 쓰디쓴 한 잔의 약.

그러므로 의사를 믿으라. 그리고 말없이 침착하게 그가 내주는 약을 마셔라.

왜냐하면 그의 손이 아무리 차갑고 딱딱할지라도 '보이지 않는 이'의 보다 부드러운 손길에 인도되고 있으므로.

그가 내주는 잔 또한 아무리 그대들의 입술을 불태운다 할지라도, 저 '도공(陶工)'이 자기의 신성한 눈물로 적신 흙으로 빚은 것이므로.

17 .... 자기를 아는 것

한 남자가 이어서 말했다.
"자기를 아는 것에 대해 말씀해 주십시오."
그가 말했다.

그대들의 가슴은 침묵 속에서도 낮과 밤의 비밀을 알고 있다.
그러나 그대들의 귀는 가슴이 아는 것을 소리로써 듣고자
목말라한다.
생각으로 이미 알고 있는 것을 그대들은 말로써 알고자 한다.
그대들은 그대들 꿈의 실체를 제 손가락으로 만지고 싶어
하는 것이다.

그리고 그대들이 그렇게 하는 것은 좋은 일이다.
그대들 영혼의 보이지 않는 샘은 반드시 솟아올라 넘실거리며
바다로 흘러가야만 하는 것.

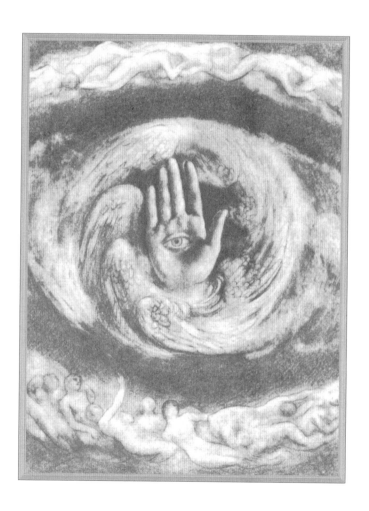

그러면 그대들 내면의 무한히 깊은 곳에 있는 보물도 그대들의 눈앞에 드러나게 될 것이다.

그러나 그대들, 미지의 보물의 무게를 결코 저울로 달려고 하지 마라.

그리고 그대들의 앎의 깊이를 자와 끈으로 재려고 하지 마라.

자아(自我)란 잴 수 없는 무한의 바다이기 때문이다.

'나는 진리를 발견했노라.'라고 말하지 마라.

그보다는 '나는 한 가지 진리를 발견했노라.'라고 하라.

'나는 영혼의 길을 찾았노라.'라고 말하지 마라.

왜냐하면 영혼이란 모든 길을 다 걷는 것.

영혼은 하나의 길을 따라 걷는 것도, 또 갈대처럼 자라는 것도 아니다.

영혼은 그 수를 헤아릴 수 없을 만큼 무수한 꽃잎을 품은 연꽃처럼 때가 되면 스스로 열리는 것이다.

18 .... 가르침

그러자 이번에는 한 교사가 말했다.

"저희에게 가르침에 대해 말씀해 주십시오."

그가 말했다.

어떤 자도 그대들에게 다가온 깨달음의 새벽에 이미 반쯤 잠들어 누워 있는 것 외엔 어떤 것도 가르쳐주지 못한다.

제자들에 둘러싸여 사원의 그늘 아래를 거니는 선생이란 그대들에게 신념과 사랑을 줄 수는 있으나 지혜를 나눠줄 수는 없는 법이다.

또한 그가 진실로 현명한 사람이라면, 그는 그대들에게 자신의 지혜의 집으로 들어올 것을 명령하지는 않으리라. 그보다는 그대들을 그대들 자신의 마음의 문으로 인도할 것이다.

뛰어난 천문학자는 그대들에게 우주에 대한 자신의 지식을 말해 줄 수는 있어도, 그러나 결코 우주를 통한 자기의 깨달음을 전해 주지는 못한다.

음악가는 그대들에게 이 우주 어디에나 있는 리듬을 연주하거나 노래로 들려줄 수는 있을지언정, 그 리듬을 포착하는 귀와 그것을 울려내는 목소리까지 빌려줄 수는 없다.

또 수학자는 그대들에게 무게와 길이의 신비한 세계에 대해 말해 줄 수 있을지 모르나, 그대들을 그곳으로 인도하지는 못한다.

왜냐하면 그대들은 분명 이에 대해 의문을 가질 것이다. 그러나 그 이유는 무척 간단하다. 인간의 상상력이란 타인으로부터 그 날개까지 빌릴 수는 없는 것이기 때문이다.

누구나 홀로 신의 존재를 깨달아야 하듯이, 결국 그대들 한 사람 한 사람은 모든 선생들로부터 멀리 떨어져 우주 속의 신비를 하나하나 만나고 이해해야 하는 것이다.

19 ﹍﹍﹍ 우 정

그러자 이번에는 한 젊은이가 커다란 목소리로 말했다.
"저희에게 우정(友情)에 대해 말씀해 주십시오."
그는 씩씩한 젊은이에게 미소를 지어 보인 다음 다시 말하기
시작했다.

친구란 그대들의 궁핍을 채워주는 존재이다. 마치 그대들이
사랑으로 씨를 뿌리고 감사로써 수확하는 들판과도 같다. 또한
그대들의 아늑한 집에 차려진 따뜻한 식탁처럼 기쁜 웃음을
주는 것이다.
그리하여 그대들은 굶주린 채 그를 찾아와 비로소 마음의
평안을 얻게 되리라.

그대들의 친구가 찾아와 속마음을 털어놓을 때, 그대들은
자기만의 생각으로 '그건 아니야.'라고 말하는 것을 두려워하지

마라. 또한 '그건 그렇지.'라는 말도 억누를 필요가 없다.

그가 말없이 있다면, 그의 가슴에서 들려오는 소리를 먼저 그대들의 가슴으로 듣도록 하라.

이렇듯 우정의 숨결 안에서는 아무 말 없이도 모든 생각, 욕망, 기대나 찬사가 대가 없이 기쁨으로 태어나고 나누어지는 것이다.

그대들의 친구와 헤어질 때도 결코 슬퍼하지 마라.

그대들이 친구와 헤어지고 나면 그의 가장 사랑스러운 점들이 더욱 선명하게 드러날 것이다.

마치 산을 오르는 자보다 벌판에 서서 바라보는 자에게 그 산이 더욱 선명하게 보이는 것과 마찬가지이다.

그리고 우정에는 결코 영혼의 심화(深化) 외에 다른 목적을 두지 마라. 자신의 신비를 드러내는 것 외에 또 다른 무엇인가를 찾는 사랑은 이미 사랑이 아니므로…….

그것은 오직 무익한 것만이 걸려드는 던져진 그물에 불과할 뿐이다.

그대들의 친구를 대할 때는 항상 최선을 다하라.

그가 그대들 마음의 썰물 때를 알고 있다면, 밀물 때도 언제인지 알게 하라.

다만 남아도는 시간을 함께 보내려고 찾는 친구라면 무슨 소용이 있겠는가?

그러므로 그와 같이하는 시간에 삶의 활기와 생명을 불어넣기 위해 친구를 찾아야 하리라.

그대들의 요구를 만족시킴은 결코 그대들의 공허감만을 채우려는 것이 아니다. 그것은 곧 상대방의 요구도 만족시키는 것이다. 그러므로 순수하고 부드러운 우정 속에 웃음이 깃들게 하고 기쁨을 늘 함께 나누라.

순결한 우정의 손만 있다면 숲 속의 잎사귀에 맺힌 하찮은 이슬방울 속에서도 빛나는 아침을 찾아낼 수 있으며, 그것은 다시금 뜨겁게 불타오르게 될 것이다.

20____ 대 화

이어서 한 학자가 말했다.
"대화(對話)에 대해 말씀해 주십시오."
그가 말했다.

그대들은 미처 마음의 평화가 준비되지 않았는데도 말하는
버릇이 있다. 그리고 그대들 가슴이 더 이상 고독을 참을 수
없을 때 떠들기 시작한다.

그러나 그런 상태에서의 말이란 약간의 기분 전환이 되거나
소일거리에 불과할 뿐이다.

그리하여 그대들이 떠들고 있는 대부분의 시간 동안 생각이란
것은 거의 사라지고 만다.

왜냐하면 생각이란 우주를 나는 새와 같기 때문이다.

말의 좁은 울타리에 갇혀 버리면 간신히 날개를 펼칠 수

있을지는 몰라도 결코 날아갈 수는 없다.

그대들 가운데 어떤 사람은 다만 홀로 남는 것이 두려운 나머지 습관적으로 이야기꾼을 찾는다.

그러나 외로운 침묵은 벌거벗은 자신을 눈앞에 드러내 보일 뿐이다. 그리하여 어딘가로 달아나고 싶어지는 것이다.

또한 그대들 중에는 스스로도 이해하지 못하는 진리를 어떤 인식이나 예견(豫見)도 없이 드러내면서 떠들어대는 자들이 있다.

반면에 자신의 내면 깊은 곳에 진리의 숨결을 담았으면서도 말로써 흘리지 않는 이들도 있다.

영혼은 바로 이와 같은 사람의 가슴속에 말없이 머물며, 무한한 생명력을 유지하는 것이리라.

길가에서나 시장에서 그대들 친구를 만나거든, 그대 안의 영혼으로 하여금 입술과 혀를 이끌게 하라.

그대 육신의 목소리 속 또 다른 목소리로 그의 귓속에 든 또 하나의 귀에 말하게 하라.

그래야만 그의 영혼은 그대 가슴의 진실을 영원히 잊혀지지 않는 포도주의 맛처럼 간직하게 될 것이다.

그러면 그대들을 담고 있는 세월의 끈이 길게 풀어져, 비록 그 빛깔은 희미해지고 그것을 담았던 잔조차 더 이상 기억되지 않더라도, 그대들 영혼의 목소리는 결코 사라지지 않으리라.

21 ⸺ 시 간

그러자 그 뒤를 이어 천문학자가 물었다.
"스승이여, 시간에 대해선 어떻게 생각하십니까?"
그가 대답했다.

그대들은 도저히 잴 수도, 헤아릴 수도 없는 시간을 재려고
한다.
또한 그대들 자신의 움직임을 시간과 계절의 변화에 맞추려
고 하며, 심지어는 그대들 영혼이 가야 할 길마저 인도할 수
있다고 믿는다.
이는 마치 시간의 강물이 흐르는 둑 위에 서서 그대들의
안장이 떠내려가는 모습을 지켜보고자 하는 것과 무엇이 다르겠
는가?

하지만 그대들 삶의 뿌리인 영원함은 진작부터 시간의 영원함

을 깨닫고 있다.

그리하여 어제란 다만 오늘의 추억일 뿐이며, 내일이란 오늘의 꿈임을 잘 알고 있다.

그대들 내면에서 노래하고 생각하는 것은 아직도 처음으로 우주가 열리던 그 최초의 순간을 벗어나려 하지 않는다.

그대들은 정녕 그 무한한 사랑의 힘을 느끼지 못한단 말인가?

그대들은 무한한 존재의 고뇌에 둘러싸여 사랑의 생각에서 생각으로 움직이지도 않는, 결코 한 사랑의 행위로부터 다른 사랑의 행위로 움직일 줄을 모르는 그 깊고 큰 사랑을 느끼지 못하는가?

모든 사랑의 숨결이 그렇듯 시간 또한 무한한 것이니, 결코 나누어지지 않으리라.

다만 그대들의 생각대로 계절에 맞추어 시간을 재야겠다면, 각 계절로 하여금 모든 다른 계절들을 감싸 안게 하라.

그리하여 오늘로 하여금 추억으로써 과거를, 그리고 참을 수 없는 동경으로써 미래를 껴안게 하라.

22___ 선과 악

그러자 이번에는 그 도시의 원로(元老) 중 한 사람이 나와서 말했다.

"저희에게 선(善)과 악(惡)에 대해 말씀해 주십시오."

그가 말했다.

내가 그대 안에 깃들인 선에 대해서는 말할 수 있으나, 악에 대해서는 말할 수 없노라.

악이란 대체 무엇인가? 단지 선 스스로 굶주림과 갈증으로 괴로워하는 것 외에 또 어떤 것들이 숨겨져 있단 말인가?

선이란 제 자신이 굶주릴 때면 캄캄한 동굴 속에서라도 먹이를 찾고, 목마를 때면 죽은 강물이라도 마다 않고 마시지 않는가?

그대들이여!

단지 자아와 한 몸이 되어 있을 때는 선한 법이다. 물론 그대들이 비록 자신의 자아와 한 몸이 되어 있지 않다 해서 무조건 악한 것은 아니다.

이는 가족들 간에 불화가 생긴 집이라고 해서 무턱대고 도둑의 소굴이라고 할 수 없는 것과 같다. 그 집은 다만 불화가 생긴 집일 뿐, 그것만으로 이러쿵저러쿵 단정하면 결코 안 된다.

바다 위를 항해하다 키가 고장 난 배라고 해서, 또는 목적도 없이 위험한 암초 사이를 떠돈다고 해서 그 배가 아주 가라앉는 것은 아니기 때문이다.

그대들이여!

남에게 베풀고자 스스로 애쓸 때 그대들의 영혼은 참으로 선하다. 하지만 남에게 베풀 줄 모르고 자신의 이익만을 찾는다고 해서 필경 악한 자인 것은 아니다.

그것은 그대들이 자신의 이익만을 얻으려 할 때에도, 다만 대지의 가슴에 매달려 그 생명수를 빨아들이는 뿌리에 불과하기 때문이다.

'나를 닮으라. 잘 익고 넘쳐흘러서 언제나 그대의 풍요를 내주어라.'

어떤 나무의 열매도 그 뿌리를 향해 이렇게 말할 수는 없으리라.

모든 뿌리는 언제나 받을 수밖에 없고, 모든 열매는 언제나

제 몸을 내어주는 존재가 아니던가?

그대들이 옳은 정신으로 말할 때는 매우 선하다. 그러나 그대들의 세 치 혀가 대책 없이 비틀거리거나 잠들어 있다 해서 그것이 반드시 악한 것은 아니다.

그것이 비록 더듬는 말일지라도 그대들의 허약한 혀를 튼튼하게 만드는 효과를 낼지도 모르기 때문이다.

그대들이 목적지를 향해 확고한 걸음으로 걸어갈 때는 진정 선하다. 그러나 그대들의 발길이 이리저리 흩어지며 절름거린다고 해서 반드시 악한 것은 아니다.

비록 절름거린다고 해도 반드시 퇴행(退行)만 거듭하는 것은 아니기 때문이다.

그러나 그대들, 참으로 강하고 재빠른 이들이여. 보라, 그대들은 결코 절름발이 앞에서는 절름거리지 않는다는 것을.

그대들은 그것이 그에 대한 최상의 친절이라고 생각하는 것이다.

그대들은 무수히 선하다. 비록 선하다고 할 수 없을 때라도 반드시 악한 것은 아니다. 다만 빈둥거리는 그대들의 천성이 게으른 것일 뿐이다.

그를 가엾이 여겨라. 제 아무리 재빠른 수사슴일지라도 거북에게 빨리 달리는 법을 가르칠 수는 없지 않은가?

그대들이여!

보다 큰 자아에 대한 갈망, 그것이 바로 선이다. 그리고 그 갈망은 그대들 모두의 가슴속에 존재한다.

물론 어떤 이들에게는 그것이 언덕의 비밀과 숲의 노래를 이끌어 힘차게 바다로 달려가는 급류이기도 하다.

그러나 또 어떤 이들에게는 물결 잔잔한 강물일 뿐이어서, 바다에 이르기도 전에 강의 굽이굽이에서 스스로를 잃고 배회하는 것이다.

그러나 여전히 열렬하게 갈망하는 이로 하여금 아무것도 갈망하는 것이 없는 이에게 '왜 그대는 그다지도 느리고 멈칫거리는가?'라는 물음을 던지게 하지 마라.

진실로 선한 사람은 벌거벗은 이를 보고도, '그대의 옷은 어디 있는가?'라고 묻지 않는 법이다.

또한 집 없는 이에게 '그대의 집은 어떤가?'라는 물음을 던지지 않는다.

23 ...... 기 도

그러자 이번에는 여사제가 말했다.
"저희에게 기도(祈禱)에 대해 말씀해 주십시오."
그가 말했다.

그대들은 마음이 괴롭거나 무언가 필요한 때에만 기도를
한다.
그대들에게 바라건대, 그대들은 기쁨이 충만할 때에도 자신
의 살림이 풍성할 때도 늘 기도하라.

기도란 진정 무엇인가? 그대들 자신을 활짝 피워서 생명의
하늘로 날아가는 것이 아니던가?
마찬가지로 평안을 위해 그대들의 어둠을 허공에 쏟아 버리
는 것도 기쁨을 위해 자신의 가슴으로 새벽빛을 쏟아내는 것이
아닌가?

영혼이 그대들을 기도에 임하게 하여 불현듯 울지 않을 수 없다면, 아니 비록 울고 있을지라도 기도는 다시 그대들을 격려하리라. 그대들이 마침내 환한 웃음을 지을 때까지.

기도할 때면 그대들은, 바로 그 시간에 기도하고 있을 무수한 이들을 만나기 위해 일어서야 한다. 기도 속에서가 아니면 결코 만날 수 없는 이들을 위하여 허공으로 몸을 뻗쳐야 하는 것이다.

그러므로 보이지 않는 사원을 향한 그대들의 여행을, 영혼의 황홀한 친교를 위한 목적 이외엔 아무 뜻도 없게 하라.

그대들이 비록 무언가를 구하기 위한 목적으로 그곳에 들어간다 해도 실은 아무것도 받지 못할 것이기에.

또한 다만 겸양의 마음으로 들어간다 해도 그대들은 결코 구원될 수 없으리라. 심지어 타인의 행복을 빌기 위해 들어간다 해도 그 기도는 받아들여지지 않으리라.

오직 보이지 않는 사원으로 들어간다는 것, 그것으로 충분할 뿐이다.

내가 그대들에게 가르칠 순 없다. 어떤 말로써 기도해야 할지를…….

신은 결코 그대들의 말을 귀담아듣지 않는다. 다만 그분 스스로 그대들의 입술을 시켜 말씀을 내릴 뿐.

그러므로 내 그대들에게 가르칠 수 없다. 무수한 바다와 숲과 산의 기도를.

다만 그대들이, 산과 숲과 바다에서 태어난 그대들만이 가슴 속에서 그들의 기도를 찾아낼 수 있으리라.

그리하여 만약 그대들이 한밤중의 고요에 귀 기울이기만 한다면, 그대들은 침묵 속에서 그들의 언어를 듣게 되리라.

'신이여, 날개 달린 저희의 자아여! 저희의 자아가 명하는 것은 저희들 속에 당신의 뜻이 임하는 것이옵니다.

저희들의 욕망 또한 당신의 욕망이옵니다.

당신의 것인 저희의 밤을 역시 당신의 것인 낮으로 변화시키는 것, 그것 또한 저희 속에 거하는 당신의 강한 충동이옵니다.

저희는 당신에게 아무것도 청할 수가 없습니다. 저희 속에 욕구가 생기기 전에 당신은 이미 알고 계시기에.

저희는 당신이 필요합니다.

당신은 저희에게 일체(一切)를 주시옵니다.'

24....... 쾌 락

이번에는 일년에 한 번씩 그 도시를 방문하는 은둔자(隱遁者)
가 앞으로 나서며 말했다.

"저희에게 쾌락에 대해 말씀해 주십시오."

그가 말했다.

쾌락이란 자유의 노래, 그럼에도 그것이 진정한 자유는
아니다.

쾌락이란 그대의 욕망을 꽃피우는 것, 그럼에도 그것이 열매
는 아니다.

쾌락은 정상(頂上)을 향해 소리치는 심연(深淵), 그럼에도
그것이 심연은 아니며 정상도 아니다.

쾌락은 날개 달린 새가 우리에 갇혀 있는 것, 그럼에도 사방이
가로막혀 있지는 않다.

그렇다, 쾌락이란 진정으로 자유의 노래이다.

그러므로 내 기꺼이 그대들로 하여금 가슴이 벅차오르도록 그것을 노래하게 하리라.

그렇지만 노래하느라 그대들 기운을 잃게 하지는 않으리라.

젊은이들 중 어떤 이는 마치 쾌락만이 전부인 것처럼 굴기도 한다. 그리고 그 때문에 심판 받고 비난을 받는다.

그렇지만 나는 결코 그들을 심판하지도 문책하지도 않으리라.

오히려 그들에게 쾌락을 구하게 하리라.

왜냐하면 그들이 쾌락을 찾게 될 땐, 결코 쾌락 자체만을 목적으로 하지는 않을 것이기에.

쾌락의 자매는 일곱, 그중 가장 어린 자매도 쾌락보다 아름답다.

그대들은 들어보았는가, 뿌리를 캐다 땅 속에서 보물을 찾은 이의 얘기를…….

또한 노인들 중 어떤 이는 술에 취해 저지른 잘못처럼 후회뿐인 쾌락을 추억한다.

하지만 후회란 마음의 벌이 아니라 다만 마음을 흐리게 하는 것.

여름날의 수확과도 같이 그들은 감사로써 쾌락을 추억해야 하리라.

그러나 만일 후회가 그들을 위로한다면, 그들로 하여금 위로 받게 하라.

또한 그대들 중엔 쾌락을 찾기엔 이미 젊지 않으나 또 회상할 만큼 늙지 않은 이들도 있다.

그들은 탐구하는 일이나 회상하는 것이 두려워 일체의 쾌락을 피한다. 혹 영혼을 돌보지 않게 되거나 죄를 짓지 않도록.

하지만 이런 도피 속에도 쾌락은 있는 것.

비록 떨리는 손으로 뿌리를 캘지라도 역시 보물은 찾게 마련이다.

그러니 내게 말해 다오, 영혼을 거역하려 하는 자가 누구인가?

나이팅게일이 밤의 정적을 거역하는가, 혹은 개똥벌레가 감히 밤하늘의 별을 넘보는가?

그대들의 불꽃, 혹은 그대들의 연기가 바람을 괴롭힐 것인가?

생각해 보라, 그대들 영혼이 막대기 따위로 휘저을 수 있는 고요한 연못인가?

때로 그대들은 스스로 쾌락을 거부하면서도, 때때로 내면의 깊은 곳에 욕망을 감춰둔다.

누가 아는가, 겉으로 드러내지는 않지만 실은 내일을 기다리고 있음을……

　그대들의 육체조차 자신이 물려받은 소임과 당연한 요구를 알고 있으니, 결코 속지는 않으리라.
　그대들의 육체는 그대들 영혼의 하프.
　그로부터 달콤한 음악을 울리게 하거나, 또는 번잡스런 음악을 울리게 하는 것은 그대들의 몫이다.
　이제 그대들은 가슴속으로 이렇게 묻지 않는가?
　'저희가 쾌락 속에서 어느 것이 선이며, 어느 것이 악인지를 어떻게 구별할 수 있습니까?'

　그대들의 숲, 그대들의 정원으로 가보라. 그러면 거기서 그대들은 꽃으로부터 꿀을 모으는 벌의 쾌락을 알게 될 것이다.
　벌에게 꿀을 바치는 것, 그것 또한 꽃의 쾌락임도 배우게 될 것이다.
　왜냐하면 벌에게 꽃은 생명의 샘이므로.
　또한 꽃에게 벌은 사랑의 전령(傳令)이므로.
　그리하여 벌과 꽃 모두에겐 쾌락의 주고받음이 필요인 동시에 황홀한 기쁨인 것을.

　오르팰리스의 사람들이여, 부디 꽃과 벌처럼 쾌락의 지혜를 배워라.

25 .... 아름다움

한 시인이 말했다.
"저희에게 아름다움에 대해 말씀해 주십시오."
그가 말했다.

그대들은 어디에서 아름다움을 찾는가? 또 어떻게 아름다움을 찾아낼 것인가?
아름다움이 그 스스로 길이 되고 안내자가 되지 않는다면 …….
또한 어떻게 아름다움에 대해 말할 것인가?
아름다움, 그것이 그대들의 언어를 엮어주지 않는다면…….

번민에 빠진 이와 상처받은 이는 말한다.
'아름다움이란 친절하고 자비로운 것. 마치 자기만이 지닌 큰 축복이 약간은 부끄러운 젊은 어머니처럼 아름다움은 우리들

사이를 거닐고 있다.'

그런가 하면 열정적인 이는 이렇게 말한다.
'아름다움이란 힘차고 무서운 것. 마치 폭풍우처럼 우리 발밑의 땅을 흔들고 머리 위의 하늘을 흔든다.'

지치고 피곤한 이는 말한다.
'아름다움이란 부드러운 속삭임, 우리들의 영혼 속에서만 표현되는 것. 마치 그림자가 무서워서 떨고 있는 가느다란 빛처럼 우리들의 침묵에 의지하는 속삭임.'

하지만 불안한 이는 말한다.
'나는 산속에서 아름다움의 절규를 들었노라. 그리고 그와 더불어 거침없이 달리는 말굽소리, 새들이 날개 치는 소리, 또한 사자의 포효도……'

도시의 밤을 지키는 순라군은 말한다.
'아름다움은 새벽빛과 더불어 도시의 동녘에서 떠오르는 것.'

그리고 대낮이 되면 노동자와 나그네들은 이렇게 말한다.
'우린 아름다움이 황혼의 창으로부터 대지에 비스듬히 기대

고 있는 걸 보았노라.'

겨울이면 눈 속에 갇힌 이는 말한다.
'봄이 오면 아름다움은 언덕 위로 뛰어오리라.'

또한 여름 볕 아래서 곡식을 거두어들이는 이는 말한다.
'나는 아름다움이 낙엽과 함께 춤추는 걸 보았지. 그 머리카락 사이로 눈발이 휘날리는 것도……'

이 모두는 그대들이 아름다움에 대해 말하는 것.
하지만 그대들, 실제로는 아름다움에 대해 말한 것이 아니다.
다만 이루지 못한 욕구에 대해 말한 것일 뿐.

아름다움은 욕구가 아니라 다만 황홀한 기쁨이다.
그것은 갈증에 타는 입술도 아니고 적선을 구하며 내민 빈손도 아니다.
그것은 오히려 불타는 가슴이며 매혹된 영혼이다.

아름다움은 그대들이 보았던 영상도 아니고, 그대들이 귀로 들을 수 있는 노래도 아니다.
그것은 오히려 두 눈을 감을지라도 보이는 영상이며, 귀를 닫을지라도 들리는 노래이다.

그것은 주름진 나무껍질 속을 흐르는 수액(樹液)도 아니며, 날카로운 발톱에 매달린 날개도 아니다.

그것은 오히려 언제나 꽃으로 만발한 정원이며 언제나 날아다니는 천사의 무리이다.

오르팰리스의 시민들이여!

아름다움이란 거룩한 제 얼굴을 가리는 베일을 걷어 버린 삶의 모습이다.

하지만 그대들은 삶이면서 또한 동시에 베일이다.

아름다움은 홀로 거울 속을 응시하고 있는 영원이다.

하지만 그대들은 영원이면서 또한 겨울이 아닌가.

26 ___ 종 교

이번에는 한 늙은 사제가 말했다.
"저희에게 종교에 대해 말씀해 주십시오."
그가 말했다.

내가 오늘 말한 것이 종교가 아니고 무엇이겠는가?
일체의 행위와 자기성찰이 종교가 아니던가?
하지만 그대들이 두 손으로 돌을 쪼고 베틀을 손질하는 동안에도 언제나 샘솟는 영혼의 놀람과 경이로움이 없다면, 그것은 행위도 자기성찰도 아니다.
누가 과연 행동에서 신념을 분리하고, 직업에서 소신을 분별할 수 있을 것인가?
또 어느 누가 시간을 자기 앞에 펼쳐놓으며, '이것은 신을 위해, 이것은 나 자신을 위해, 또 이것은 내 영혼을 위해, 이것은 내 육체를 위해.'라고 말할 수 있단 말인가?

그대들의 모든 시간이란 자아에서 자아로 허공을 가르며 비상하는 날개가 아닌가.

다만 마치 좋은 의복을 입는 것으로써 자신의 도덕성을 지키려 하는 사람, 그런 사람은 차라리 벌거벗는 편이 나을 것이다.

바람과 햇빛도 그의 육신에 어떤 구멍도 뚫을 수 없으리라.

윤리규범을 기준으로 행동하는 사람은 노래하는 자기의 새를 새장 속에 가두는 것과 같다.

지극히 자유로운 노래는 새장의 창살이나 철장을 통해서는 나오지 않는 법이다.

마치 열렸다가 곧 닫히는 창처럼 예배드리는 이들, 그런 이들은 새벽에서 새벽으로 창이 열리는 영혼의 집을 결코 방문하지 못하리라.

나날이 이어지는 삶이야말로 그대들의 사원이며 종교인 것.

그곳으로 갈 때마다 그대들 그대들의 전부를 가지고 가라.

쟁기와 풀무, 망치와 피리…….

그리고 필요해서건 다만 기쁨을 위해서건 그대들이 만들어낸 모든 물건들도 가지고 가라.

왜냐하면 그대들은 환상 속에서도 그대들이 성취한 것 이상으로 오를 수 없고, 잘못한 것 이하로 떨어질 수도 없기에.

그리고 모든 사람들과 더불어 가라.

왜냐하면 그대들은 찬미 속에서도 그들의 희망보다 높이 날 수 없으며, 그들의 절망 이하로 스스로를 낮출 수도 없을 것이기에…….

만약 신에 대해 알기를 원한다면, 그대들은 수수께끼를 풀려는 사람이 되지 마라.

차라리 그대들의 주위를 둘러보라.

그러면 그대들은 그분이 그대들의 아이들과 함께 즐거워하는 그분의 몸짓을 보게 되리라.

그리고 허공을 바라보라.

그러면 그대들은 그분이 구름 속을 거닐며 번개로써 팔을 뻗치시고 비와 함께 내려오심을 보게 되리라.

또 그대들은 그분이 꽃들 사이에서 미소를 짓다 이윽고 조용히 일어나, 나무들 사이로 손을 흔드심도 보게 되리라.

27 ⸻ 죽 음

그러자 알미트라가 소리쳐 말했다.
"저희는 이제 죽음에 대해 말씀해 주십시오."
그가 말했다.

그대들은 죽음의 비밀을 알고 싶어 하지만 그대들 삶 속에서
그것을 찾을 수 없다면, 어떻게 그것을 알 수 있겠는가?
낮에는 눈멀어 밤에만 앞을 볼 수 있는 올빼미는 결코 빛의
신비를 깨달을 수 없다.
진실로 죽음의 혼(魂)을 보고자 한다면, 그대들의 가슴을
삶의 몸을 향해 넓게 열라.
강과 바다가 한 몸이듯이, 삶과 죽음은 한 몸인 것이다.

그대들은 희망과 욕망의 저 깊은 곳에서 말없이 미지의 세계
를 깨닫는다.

그리하여 눈[雪] 속에서도 꿈꾸는 씨앗들처럼 그대들의 가슴은 봄을 갈구한다.

그 꿈을 믿어라.

영원에의 문은 바로 그 꿈속에 숨겨져 있으니……

죽음의 공포란, 왕(王)의 부름을 받은 양치기가 왕의 손이 자신의 어깨에 얹어졌을 때 느끼는 전율에 불과한 것.

왕의 부름을 받은 양치기는 떨림 속에서도 어찌 기쁘지 않겠는가?

그런 한편으로, 그래서 자기의 떨림에 온 마음을 집중하지 않겠는가?

죽는다는 것, 그것은 과연 무엇인가?

다만 바람 속에 벌거숭이 상태로 서서 태양 속으로 녹아 스며드는 것이 아니라면……

숨이 멈춘다는 것, 그것은 무엇인가?

다만 한 숨결이 끊임없는 자기의 조수(潮水)로부터 해방되는 것이 아니라면……

그리하여 높이 오르고 퍼져서, 어떤 번민도 없는 신을 찾는 것이 아니라면……

그대들은 오직 침묵의 강물을 마신 다음에야 진실로 노래하게 되리라.

또 그대들은 산꼭대기에 이르렀을 때에야 비로소 오르기 시작하리라.

그리하여 대지가 그대들의 팔다리를 요구하면, 그때야 비로소 그대들은 진실로 춤추게 되리라.

28 ⸺ 헤어짐

드디어 저녁이 되자, 예언자 알미트라가 말했다.
"이제까지 말씀하신 당신의 영혼이여, 축복 받으소서."
그가 말했다.
"내가 말한 자에 불과했던가? 나 또한 듣는 자가 아니었던가?"

이윽고 그가 사원의 계단을 내려가자 사람들은 모두 그를 뒤따랐다. 그는 배가 있는 곳까지 걸어가 갑판 위에 올라섰다.
그리고는 사람들을 향해 다시 소리 높이 외쳤다.

오르팰리스의 사람들이여, 바람이 내게 그대들을 떠나라고 명하는구나.
비록 바람처럼 서둘지는 않더라도, 이제 나는 가야 한다.
항상 보다 외로운 길을 찾아나서는 우리 방랑자들은 하루를 끝냈던 그 자리에서 다음 날을 시작하진 않는 법이다.

그러므로 어떤 새벽도 황혼이 우리와 이별했던 그곳에서 우리를 찾아내지는 못하리.

대지가 잠들고 있는 동안에도 우리들은 길을 간다.

우리는 결코 죽지 않는 나무의 씨앗, 그리하여 가슴이 무르익고 은총으로 가득해지면 우리의 몸은 바람에 맡겨져 이윽고 흩어지리라.

짧기도 해라. 내가 그대들과 함께 보낸 날들이여!

또한 내가 그대들에게 들려준 말들은 더욱 짧았구나.

하지만 내 목소리가 그대들의 귓가에서 사라지고, 내 사랑이 그대들의 추억 속에서 지워지면 그때 나는 다시 오리라.

그리하여 나는 보다 풍요한 가슴, 보다 풍요한 입술로 영혼에 순종하면서 말하리라.

그래, 나는 조수를 따라 되돌아오게 되리라.

죽음이 나를 가릴지라도, 보다 거대한 침묵이 나를 껴안을지라도 나는 언제든지 또다시 그대들의 이해를 구하리라.

그러나 결코 헛된 소망을 품지는 않으리라.

내 말에 조금이라도 진리가 담겨 있다면 그 진리는 보다 명쾌한 목소리로, 보다 그대들의 생각에 가까운 언어로써 스스로를 드러내게 되리니.

나는 바람과 함께 간다.

오르팰리스 사람들이여, 그렇더라도 나는 허공으로 떨어지는 것은 아니다.

그러므로 만약 오늘 그대들의 욕구와 내 사랑이 충족되지 않았다면, 부디 오늘로써 다음 날을 기약하기를.

인간의 욕구는 변한다. 그러나 사랑은, 또 사랑이 충족시켜 줄 욕망은 변하지 않는 것.

그러므로 깨우쳐라. 보다 거대한 침묵으로부터 내가 다시 돌아오게 됨을.

들판에 이슬을 남기며 새벽을 떠도는 안개도 마침내 허공으로 솟아올라 구름을 모아 비로 내리게 됨을.

나 또한 그 안개와 다름없었으니, 고요한 밤 나는 그대들의 거리를 거닐었고 내 영혼은 그대들의 집으로 들어갔다.

그러면 그대들 심장의 고동 소리가 내 가슴속에서 울렸고, 그대들의 숨결이 내 얼굴을 스치는 가운데 나는 그대들 모두를 이해했다.

그렇다. 나는 그대들의 기쁨, 그대들의 고통을 이해했다.

그리고 그대들 잠 속의 꿈은 바로 나의 꿈이었다.

또한 나는 때때로 마치 산속의 호수처럼 그대들 가운데

있었다.

나는 그대들 속에 산꼭대기의 모습을 비추었고, 비탈진 기슭과 심지어는 스쳐가는 그대들의 생각과 욕망의 뿌리까지도 비추었다.

그러면 나의 침묵을 향해 아이들의 웃음소리가 시냇물처럼 밀려왔고, 젊은이들의 갈망이 강물처럼 밀려왔다.

이윽고 나의 심연(深淵)에 이르렀을 때에도 시냇물과 강물은 결코 노래를 멈추지 않았다.

그러나 언제나 웃음소리보다도 달콤하게, 갈망보다도 위대하게 나를 찾아오는 것이 있었느니……. 그것은 그대들 속의 무한(無限).

광활한 인간의 대지 안에서 그대들은 다만 세포이며 힘줄에 불과할 뿐.

그 노래 속에서 그대들의 노래는 다만 소리 없는 고동에 불과할 뿐.

광활한 그 인간으로 인해 그대들 또한 광활하고, 그를 봄으로써 나는 그대들을 보았다. 또 사랑했다.

사랑이라고 어찌 멀고도 광활한, 하늘 끝도 없는 곳에 이를 수 있을 것인가?

어떤 환상, 어떤 희망, 어떤 예언 따위가 사랑을 보다 높이 날아오르도록 할 수 있을 것인가?

꽃으로 덮인 거대한 떡갈나무와도 같이 광활한 그 사람은 바로 그대들 속에 있다.

그의 힘이 그대들을 대지에 묶고, 그의 향기가 그대들을 허공에 오르게 하며, 그의 영원 속에서 그대들은 결코 죽지 않는다.

그대들은 들었는가.

그대들의 존재는 마치 사슬과도 같아서 그대들의 고리 가운데 가장 약한 고리만큼 허약하다는 말을.

그러나 이것은 절반의 진실에 불과할 뿐, 그대들은 그대들의 고리 가운데에서 가장 튼튼한 고리만큼 튼튼하기도 하다.

지극히 사소한 행위로써 그대들을 재려 하는 것은 덧없는 거품으로써 대양(大洋)의 힘을 평가하려는 것과 같다.

그대들의 실패로써 그대들을 심판하려는 것은 다만 쉽사리 변한다고 계절을 책망하는 것과도 같은 것이다.

그렇다, 그대들은 대양과도 같다.

비록 크나큰 배가 기슭에서 조수를 기다리고 있을지라도, 그대들이 조수를 재촉할 수는 없다.

또한 그대들은 계절과도 같다.

비록 그대들은 겨울이 지난 뒤 봄이 오는 것을 부정할지라도, 봄은 그대들 속에 누워 나른히 미소 지으며 결코 성내지 않는다.

그러나 내 이 말들이 그대들로 하여금 '그는 우리를 찬미했네. 그는 우리의 선(善)만을 보았네.'라고 말해도 좋은 것이라고는 결코 생각지 마라.

나는 다만 그대들이 스스로 깨닫고 있는 것을 말로써 한 것일 뿐.

그런데 말의 인식이란 무엇인가? 다만 말없는 인식의 그림자가 아니라면…….

그대들의 생각과 나의 말이란 굳게 봉인된 추억으로부터 물결치는 파도일 뿐.

거기 우리들의 과거가 기록되어 있으며, 우리는 물론 대지 스스로도 이해하지 못하던 태고(太古)의 낮과 혼돈으로 어지럽던 대지의 밤이 기록되어 있는 것일 뿐…….

현명한 이들은 그대들에게 지혜를 주고자 온다. 그러나 나는 그대들의 지혜를 앗아가려고 왔다.

그런데 보라!

나는 지혜보다 더 위대한 것을 찾아냈으니.

그것은 그대들 속에서 언제나 스스로 모여 더욱 불타오르는 영혼이다.

그러나 그대들은 타오르는 불꽃들은 외면한 채 시들어 가는 날만 슬퍼하고 있지 않은가.

육체 속에서만 살기 원하는 삶에 있어 무덤은 두려운 것.

그러나 여기 무덤은 없다.

이 산, 이 들은 요람이며 디딤돌.

지날 때마다 그대들 조상의 뼈를 묻은 들판을 유심히 보라. 그러면 그대들은 거기서 그대 자신과, 그대들의 아이들이 손에 손을 잡고 춤추고 있는 것을 보게 되리라.

그대들은 종종 이해하지도 못한 채 기쁨에 겨워한다.

다른 이들이 그대들에게 왔으나, 그대들의 신앙이 쌓아올린 귀중한 약속을 위해 그대들은 다만 부(富)와 권력과 영광만을 바쳤다.

내 약속은 보다 하찮은 것이었으나, 그럼에도 그대들은 내게 더욱 관대했다.

그대들은 내게 보다 깊은 삶에의 목마름을 선사했다.

진실로 자기의 온 목적을 타오르는 입술로, 온 삶을 샘물로 변하게 하는 것만큼 인간에게 더 큰 선물은 없으리.

결국 나의 영광, 나의 보상은 이 속에 들어 있는 것.

샘물을 마시러 올 때면, 나는 언제나 샘물 자신도 목말라하고 있음을 깨우친다.

그리하여 내가 샘물을 마시는 동안 샘물 또한 나를 마신다.

그대들 중 어떤 이는 내가 거만해서 호의나 선물 받는 것을 지나치게 부끄러워한다고 생각할지도 모른다.

하긴 내가 비록 가진 것이 없더라도 자존심이 강하지만, 선물에 대해선 그렇지 않다.

그대들이 나를 그대들의 식탁에 앉히고자 할 때, 나는 그저 들판에 널려 있는 딸기를 뜯어 먹었다.

또 그대들은 기꺼이 내게 잠자리를 주려 했지만, 나는 그저 사원의 문간에서 잠들었다.

그럼에도 내가 언제나 달콤한 양식에 취하고 꿈꾸며 잠들 수 있었던 까닭은, 나의 매일을 염려하는 그대들의 사랑 덕분이 아니었던가?

나는 그대들에게 아낌없이 축복의 말을 하노라.

무수히 베풀면서도 자기가 무엇을 베풀었는지 전혀 알지 못하는 그대들의 무지를 위해…….

거울 속에 비친 자기의 얼굴만을 응시하며 행하는 친절이란 무익할 뿐이다.

또 스스로를 찬양하기 위한 선행(善行)이란 재앙의 어머니가 될 뿐이다.

그대들 중 어떤 이는 또 내가 너무 멀리 있으며 혼자만의 고독에 취해 있다고 말한다.

그리고 그대들은 말한다.

'그는 숲의 나무들과는 속삭여도 인간들과는 그럴 마음이 없지. 다만 산꼭대기에 앉아 이 도시를 내려다보기만 할 뿐.'

하긴 사실이다. 내가 산을 오르고 먼 곳을 돌아다녔던 것은……

그렇게 높이, 또 그렇게 멀리서가 아니었더라면 내가 어찌 그대들을 볼 수 있었겠는가?

사람이 멀리 떨어져 있지 않으면, 어떻게 진실에 가까워질 수 있겠는가?

또 그대들 중 어떤 이는 말없이, 이렇게 나를 원망하기도 했다.

'낯선 분이시여, 낯선 분이시여! 닿을 수 없는 곳에 거하는 내 사랑하는 분이시여!

왜 그대는 독수리들이나 집을 짓는 산꼭대기에서 사시는가?

그대는 어찌하여 불가능을 추구하시는가?

어떤 폭풍을 당신의 그물에 가두려 하시는가?

허공을 떠다니며 어떤 덧없는 새를 잡으려 하시는가?

오소서! 그리하여 우리들과 하나가 되소서.

내려오소서! 그리하여 우리의 빵으로 당신의 굶주림을 달래고, 포도주로 목마름을 푸소서.'

그 고독한 영혼들은 이런 말들을 했다.

그러나 그들의 고독이 조금만 더 깊었더라면, 단지 내가 그대들의 기쁨과 고통의 비밀을 찾고 있었을 뿐임을 깨우쳤을 것이다.

사냥꾼이란 동시에 자신도 사냥당하는 자.

그리하여 내가 당긴 무수한 화살들은 기어이 내 가슴을 찾아왔다.

또 날아가는 자는 동시에 기어가는 자.

그리하여 내 날개가 태양 속에 펼쳐졌을 때 땅 위에 비친 그 그림자는 거북의 모습을 하고 있었다.

그리고 나를 믿는 자는 또 동시에 의심하는 자이니, 때로 나는 내 상처에 스스로 손가락을 찔러 넣고야 말았다.

그대들에게서 보다 큰 믿음을, 보다 큰 지혜를 얻기 위하여…….

내 이 믿음과 깨달음으로 말한다.

육체가 그대들을 감금하는 것이 아니며, 집이나 들판이 그대들을 가두는 것도 아니다.

그것은 바로 산 위에 살며 바람 따라 헤매는 그대들.

따뜻함을 찾아 햇볕 속을 기어 다니거나 안전한 곳을 찾아 어둠 속에 구멍을 파는 것이 아니라, 다만 자유로운 것. 대지를 감싸고 창공을 흐르는 하나의 영혼처럼.

이 말들이 비록 모호하다 해도 결코 명백하게 말하려고 애쓰지 마라.

모호하고 종잡을 수 없는 것이야말로 만물의 끝이 아닌 시초.

그러므로 내가 바라건대, 그대들은 언제나 시초로서 나를 기억해 주기를.

삶, 그리고 또 살아 있는 모든 존재는 결정(結晶)으로부터가 아니라 안개 속에서 잉태되어지는 것.

하지만 누가 아는가? 결정이란 것도 다만 사라지는 안개에 불과할는지…….

그대들이 나를 기억할 때면 다음 말도 기억해 주기를…….

그대들 속에서 가장 연약하고 갈피를 못 잡는 것이 실은 가장 튼튼하고 굳센 것이라는 것을.

그대들의 뼈대를 꼿꼿이 세우고 또 튼튼히 하는 건 바로 그대들의 숨결이 아닌가?

그리고 도시를 세우고 거기에 필요한 일체를 창조한 것은 일찍이 그 누구도 기억치 못하는 그대들의 꿈이 아닌가?

그대들이 만약 그 숨결의 흐름을 볼 수만 있다면, 그 외의 것을 결코 보려고 하지 않을 것이다.

또한 그 꿈의 속삭임만 들을 수 있다면, 그대들은 다른 어떤 소리도 들으려고 하지 않으리라.

그러나 그대들은 보지 못하고, 듣지도 못한다.

어쩌면 그건 당연한 일이다.

그대들의 두 눈을 가린 베일은 그것을 짰던 손이 벗겨 주리라.

또한 그대들의 두 귀를 가득 메운 진흙도 처음에 그것을 반죽해 넣었던 손가락이 파내 주리라.

그러면 그대들은 이윽고 보게 되리라.

또한 듣게 되리라.

그럼에도 그대들은 자기의 맹목(盲目)을 한탄하지도 않으며, 귀먹었음을 후회하지도 않으리라.

그날이 오면 그대들은 만물에 깃들인 비밀의 목적들을 깨닫게 될 것이므로.

그리하여 빛을 축복하듯, 그대들은 어둠도 축복하게 되리라.

이런 말들을 하고 나서 그는 주위를 둘러보았다.

한쪽에선 배의 선장이 키 옆에 서서 가득 부푼 돛과 먼 곳을 응시하고 있었다.

그는 말했다.

참으로 끈기 있도다! 선장이여.

바람이 분다. 이제 돛은 잠에서 깨어나야 한다.

키도 주인의 명령이 떨어지기만을 기다리고 있다.

그럼에도 나의 선장은 내가 침묵하기만을 기다리고 있구나.

또 여기, 보다 위대한 바다의 합창에 귀 기울였던 나의 선원들…… 그들 또한 끈기 있게 내 말을 들었다.

그러나 그들은 이제 더 이상 기다리지 못하리.

나도 물론 준비가 되었다.

강물은 바다에 이르렀고, 위대한 어머니는 다시 한번 자기의 아들을 가슴에 안는다.

잘 있거라! 그대들, 오르팰리스 사람들이여.

이제 하루는 끝났다.

마치 내일을 향해 눈 감는 수련(睡蓮)처럼 하루가 저물어 갔다.

우리 여기서 얻은 것, 우리는 그것을 간직하게 되리.

만약 그로써 충분치 못하다면, 그러면 우린 다시 와서 손을 내밀어야만 하리라.

잊지 마라, 내 그대들에게 다시 돌아오게 될 것을.

잠깐, 그러면 내 갈망은 먼지와 거품을 모아 다른 몸을 이루게 되리라.

잠깐 바람이 일 때 짧은 휴식의 순간이 찾아오면, 그러면 또 다른 여인이 나를 낳으리라.

안녕, 그대들이여! 우리가 함께 보낸 청춘이여!
우리가 꿈길에서 만났던 것도 다만 어제의 일.
내가 고독할 때 그대들은 내게 노래 불러주었고, 그대들의 갈망으로 나는 하늘에 하나의 탑을 세웠다.
그러나 이제 우리의 잠은 사라지고 꿈도 끝났다.
새벽도 더 이상 지속되지 않는다.
한낮이 닥쳐와 우리의 희미하던 잠은 보다 완전히 사라져버렸으니, 이제 헤어져야 할 시간이다.
우리가 희미한 새벽빛 속에서 다시 한번 만날 수 있다면 우린 다시 함께 이야기하고, 그대들은 나를 위해 보다 그윽한 노래를 불러주게 될 것을……
그리하여 우리의 두 손이 또 다른 꿈속에서 만날 수 있다면, 우리는 또 하나의 탑을 하늘에 세우게 되리라.

이렇게 말하고서, 그는 마침내 선원들에게 신호를 보냈다.
그러자 그들은 곧 닻을 걷어 올리고 부두를 빠져나가 동쪽을 향해 나아가기 시작했다.
그러자 사람들로부터 울음소리가, 마치 한 사람의 가슴에서 터져 나오듯이 일제히 터져 나왔다.

그리고 그 울음소리는 황혼 사이로 떠올라 마치 거대한 나팔 소리처럼 바다 위로 울려 퍼졌다.

　다만 알미트라만이 아무 말이 없었다.
　그는 배가 안개 속으로 완전히 사라질 때까지 바다로 향한 눈길을 거두지 않았다.
　그리고 사람들이 모두 흩어진 뒤에도 그는 여전히 방파제 위에 홀로 서 있었다.
　가슴속 깊이 그의 말을 기억하면서…….

　'잠깐 바람이 일 때 짧은 휴식의 순간이 찾아오면, 그러면 또 다른 여인이 나를 낳으리라.'

부러진 날개

글을 시작하며

　사랑이 신비한 빛으로 내 마음을 열어주고 그 불타는 손가락으로 내 영혼을 처음으로 건드렸을 때 — 그때 내 나이 열여덟이었다. 그리고 셀마 카라미는 그녀의 아름다움으로 내 영혼을 눈뜨게 해서 저 숭고한 사랑의 정원으로 나를 인도해 갔으니, 그곳에서는 낮이 꿈처럼 흘러가고 밤들은 흡사 결혼식과도 같았다.

　셀마 카라미는 그녀 자신의 고유한 아름다움의 표양으로써 내게 아름다움을 예배하는 법을 가르쳤고, 그녀의 사랑에 의해 사랑의 비밀을 내게 계시해 준 여인이었다. 또한 그녀야말로 진정한 삶의 시(詩)를 내게 노래해 준 최초의 사람이었다.

　젊은이는 누구나 자신의 첫사랑을 기억하는 법이다. 그리하여 그의 마음속 가장 은밀한 곳을 변모(變貌)시키고, 정체를 알 수 없는 온갖 비통함에도 불구하고 그를 행복에 떨게 한 저 추억의 시간이자 그리도 이상한 시간을 안타깝게도 다시 붙잡으려고 애쓰는 것이다.

젊은이는 누구나 그의 인생에 있어 한 사람의 '셀마'를 갖는 법이다. 인생의 봄날에 어디에선가 불현듯 그의 앞에 나타나선 그의 고독을 행복한 순간으로 변모시키고, 그리하여 밤의 긴 침묵을 음악으로 가득 채워놓는 그러한 여인을……

셀마의 입술을 통해 내 귀에 속삭여진 '사랑'을 들었을 때 나는 비로소 자연의 의미를 모색하고, 더불어 온갖 서적과 경전(經典)들의 계시를 이해하고 싶어서 깊은 사색과 명상에 빠져들어 갔다.

나의 삶은 마치 낙원에서의 아담의 삶처럼 텅 빈 하나의 혼수상태였다. ― 마치 빛의 기둥인 양 셀마가 내 앞에 우뚝 서 있는 걸 보았을 때, 그녀는 내 안의 공허를 비밀과 경이로 가득 채워 나로 하여금 인생의 의미를 이해하게 만들어준 내 마음의 이브였다.

최초의 이브는 그녀 자신의 의지로 아담을 낙원 밖으로 이끌고 갔지만, 셀마는 그녀의 부드러움과 사랑으로써 내가 자진해서 저 지순(至純)한 사랑과 미덕의 정원으로 들어가도록 했다.

하지만 아담을 낙원에서 쫓아냈던 불칼[火劍]은 내게도 미쳐, 그 번뜩이는 칼날은 나를 공포에 떨게 하고 마침내 내 사랑의 낙원에서 나를 추방하고야 말았다. ― 나는 어떤 명령도 거역한 일이 없고, 금단(禁斷)의 과일을 맛보지도 않았었건만.

숱한 세월이 흘러간 지금 ― 저 아름다운 꿈으로부터 내게 남겨진 것이라곤 아무것도 없다. 내 주위를 둘러싸고 보이지 않는 날개처럼 퍼덕거리며 내 가슴 깊은 곳을 슬픔으로 가득 채워 나를 눈물짓게 하는, 고통스런 추억 외에는 아무것도······.

그리고 내 사랑, 아름다운 셀마는 죽고 없다. 갈기갈기 찢긴 내 부서진 마음과 사이프러스나무로 둘러싸인 그녀의 무덤 이외엔 그녀를 기념할 만한 그 무엇도 남아 있지 않다.

다만 저 무덤과 이 가슴만이 셀마의 흔적을 간직하기 위해 남겨진 전부일 뿐.

무덤을 지키는 고요는 관(棺) 속의 암흑에 깃든 신(神)의 비밀을 누설하지 않으며, 나무뿌리가 육신의 원소(元素)들을 빨아올릴 때도 가지들의 살랑거림은 무덤의 신비를 털어놓지 않는다. 그러나 내 가슴에서 토해 나오는 한숨은 사랑과 아름다움과 죽음이 완료된 드라마를 살아 있는 이에게 알리는 것이다.

오오, 베이루트 시(市)에 흩어져 있는 내 젊은 날의 벗들이여! 행여 그대들이 소나무 숲 근처에 자리 잡은 공동묘지 곁을 지날 때면, 부디 조용히 그 안에 들어가 다오. 그리하여 그대들의 발소리가 죽은 자의 잠을 방해하지 않도록 천천히 걸어가 셀마의 무덤 앞에 엎드려, 그녀의 시신(屍身)을 에워싸고 있는 대지에게 공손히 인사해 다오. 그리고 깊은 한숨과 더불어 내 이름을 말하고 그대들 스스로 다음과 같이 말해 주게나.

"저 멀리 바다 건너에서 사랑의 포로가 되어 살고 있는 지브란의 온갖 희망이 이곳에 매장되었다. 바로 이 장소에서 그는 그의 행복을 잃어버렸으며 눈물도 말라 버렸고 웃음도 사라졌노라."

그 무덤가에서 지브란의 슬픔은 사이프러스나무들과 함께 자라고, 그 무덤 위로 그의 영혼은 매일 밤 슬픈 소리로 윙윙대는 나뭇가지와 어울려 셀마의 가 버림을 목메어 애도하면서 하염없이 깜박거리는 것이다.

어제는 삶의 입술에서 울리는 아름다운 가락이었으나 오늘은 대지의 가슴에 깊이 묻힌, 말없는 비밀인 셀마를 추모하면서……

오오, 젊은 날의 내 친구들이여! 그대들이 사랑했던 처녀들의 이름으로 탄원하노니, 내 사랑하는 이의 잊힌 무덤에 부디 꽃다발이라도 놓아 다오.

그대들이 셀마의 무덤 위에 얹어두는 꽃들은 마치 시든 장미꽃 위에 방울방울 떨어져 내리는 새벽 이슬방울과도 같을지니.

1 ⸺ 슬픔의 시기

　나의 벗들이여, 그대들은 흔히 청춘의 여명(黎明)을 즐거운 마음으로 추억하고 그것이 지나감을 슬퍼한다. 그러나 나는 흡사 감옥의 창살과 수갑을 상기하는 죄수인 양 내 청춘을 기억한다.

　그대들은 유년기와 청춘기 사이의 이 시절을 마치 속박과 보호로부터 벗어나는 황금기처럼 말하지만, 그러나 나는 이 시기를 흡사 한 알의 씨앗이 내 가슴속에 떨어져 그것이 점차 자라선 마침내 사랑이 찾아와서 굳게 잠긴 마음의 문을 열고 그 깊은 구석을 비춰줄 때까지는 지식과 지혜의 세계로 통하는 어떤 출구도 발견할 수 없었던, 말없는 슬픔의 시기라 부른다.

　사랑은 내게 말과 눈물을 흠뻑 채워주었다. 그대 동포들이여, 그대들은 그대들의 놀이를 목격하고 그대들의 무구(無垢)한 속삭임을 엿들었던 정원이며 과수원, 그리고 밀회 장소와 길모퉁이들을 기억하리라.

그처럼 나 역시 북(北) 레바논의 아름다운 고장을 기억한다. 눈 감으면 언제나 신비와 위엄에 가득 찬 계곡들이며, 하늘까지 닿으려는 영광과 장엄함으로 뒤덮인 산들을 나는 본다.

도시의 소란에서 내 귀를 막을 때면, 언제나 작은 시내의 속삭임과 나뭇가지의 살랑거리는 소리를 나는 듣는다. 내가 지금 말하고 있는 이 모든 아름다움은 ─ 그리고 나는 마치 어린아이가 어머니의 가슴을 그리워하듯이 그걸 보고자 갈망하는데도 ─ 내 영혼을 상처 입혀 청춘의 암흑 속에다 나를 가두어 버렸으니, 흡사 내 영혼은 광활한 창공에서 자유롭게 날아다니는 새 떼들을 보면서 새장 속에 갇혀 괴로워하는 한 마리 매와도 같았다.

이들 계곡과 골짜기들은 내 상상력에 불을 질렀지만, 그보다 더욱 비통한 사념은 내 가슴을 절망의 그물에 둘러쌌던 것이다.

들판에 나갈 때면 번번이 나는 실망해서 돌아오곤 했다. ─ 실망의 이유가 무엇인지 이해하지도 못한 채.

잿빛 하늘을 바라볼 때면 언제나 나는 가슴이 조여듦을 느꼈고 새들의 지저귐과 샘물의 속살댐에 귀 기울일 때마다 나는 왜 그런지도 알지 못하면서 괴로워했다.

천진난만함은 인간을 공허한 것으로 만들고, 이 공허함은 그를 태평스럽게 만드는 것이라고들 흔히 말한다. 아마도 그것은 처음부터 죽은 자로 태어나 얼어붙은 시체인 양 살아가는 사람들에겐 진실일지도 모른다.

그러나 느끼는 것은 많고 아는 것은 거의 없는 감수성이 예민한 소년은 태양 아래 가장 불행한 피조물이니, 그는 두 개의 힘에 의해 갈가리 찢겨지기 때문이다.

첫 번째 힘은 그를 고양시키고 몽상의 구름을 통해 존재의 아름다움을 그에게 보여주지만, 두 번째 힘은 그를 철저히 이 지상(地上)에 묶어두어 그 눈은 먼지로 가득 차고 공포와 암흑으로 그를 짓눌러 버리는 것이다.

고독은 비단결같이 보드라운 손을 갖고 있으나 그 거센 손가락으로 가슴을 움켜잡아 슬픔으로 가슴이 미어지게 만든다. 고독은 정신적 고양의 반려자일 뿐 아니라 슬픔의 동맹자이기도 한 것이다.

슬픔에 시달림을 당하는 소년의 영혼은 흡사 막 영그는 흰 백합과도 같다. 그것은 산들바람 앞에서도 떨고, 새벽빛에 그 마음을 열었다가 밤의 그림자가 깃들면 그 잎을 뒤로 접는다.

만약에 그 소년이 오락거리나 친구 또는 놀이 상대를 갖지 않았다면, 그의 삶은 흡사 거미줄만 눈에 뜨이고 곤충이 기어다니는 소리밖에 들리지 않는 하나의 좁은 감옥처럼 될 것이다.

젊은 날 나를 휘어잡았던 슬픔은 오락의 결핍에서 온 것은 아니었으니, 나는 그러한 것들을 실컷 가질 수가 있었기 때문이다. 또한 친구들이 모자라서 그런 것도 아니었다. 왜냐하면 나는 친구들을 발견할 수 있었으니까.

그러한 슬픔은 나로 하여금 고독을 사랑하게 만든 그 마음속의 병에 의해 생겨난 것이었다. 그것은 내 속에서 놀이와 오락에 대한 기호를 죽이고 말았다.

그것은 내 어깨에서 청춘의 날개를 잘라 버렸고, 그리하여 나를 산악 사이에 놓인 연못처럼 만들었으니, 그 고요한 수면엔 유령의 그림자와 갖가지 색깔의 구름과 수목들이 반영되지만, 지절대며 바다로 흘러가는 출구를 발견할 수는 없었던 것이다.

이것이 바로 열여덟 살이 되기 전의 내 삶이었다. 열여덟 — 그것은 내 생애에서 우뚝 솟은 하나의 산꼭대기와도 흡사한 것이다.

왜냐하면 그것은 내게 지각(知覺)을 눈뜨게 했으며, 그리하여 나로 하여금 비로소 인류의 영고성쇠(榮枯盛衰)를 이해하게 만들었기 때문이다.

바로 그해에 나는 다시 태어났다. 만약에 한 인간이 거듭나지 않는다면 그의 삶은 마치 생존의 책에서 한 장의 백지처럼 남아 있을 것이다.

바로 그해에 나는 한 아름다운 여성의 눈을 통해 나를 바라보는 천상의 천사들을 보았다. 또한 나는 악한 사나이의 가슴속에서 미쳐 날뛰는 지옥의 악마들 역시도 보았던 것이다.

삶의 아름다움과 악의(惡意) 속에서 천사와 악마를 보지 못하는 사람은 지식으로부터는 아주 동떨어지게 될 것이다. 그리고 그의 영혼은 사랑이 고갈된 텅 빈 동굴이 되리라.

2 ⸺ 운명의 손길

그렇듯 경이로운 그해 봄에 나는 베이루트에 있었다.

흡사 천상에 계시된 지상의 비밀인 양 온갖 정원들은 4월의 꽃들로 가득 차고 대지는 온통 녹색의 풀밭으로 뒤덮여 있었다.

시인에게 영감을 주고 상상력을 자극하기 위해 자연이 보내준 천상의 여인이나 신부와도 같은 모습을 한 오렌지나무와 사과나무들은 향기 그윽한 꽃의 백의(白衣)를 걸치고 있었다.

봄이란 어느 곳에서나 모두 아름답지만 특히나 레바논의 봄은 최고로 아름답다.

봄은 대지 위를 떠돌아다니는 정령이기도 하지만 그것은 제왕과 예언자들과 더불어 얘기를 나누고, 강물과 더불어 노래하며, 또한 '레바논의 성스러운 삼나무'와 더불어 옛 영화(榮華)에 대한 추억을 되뇌면서 정녕 레바논의 하늘 위를 방황하는 것이다.

겨울날 진흙과 여름날의 먼지가 말끔히 가신 베이루트는

흡사 봄날의 신부와도 같다. 혹은 그것은 태양 빛에 자신의 매끈한 피부를 말리면서 시냇가에 앉아 있는 한 마리 인어랄까.

4월 어느 날, 나는 이 매혹적인 도시로부터 약간 떨어진 곳에 있는 친구의 집을 방문했다.

우리가 얘기를 하고 있으려니 65세가량 되는 한 위엄 있는 노인이 집 안으로 들어왔다.

내가 그에게 인사하려고 일어서자 내 친구는 패리스 에판디 카라미라고 그를 내게 소개하고는 치켜세우는 말과 더불어 내 이름을 그에게 가르쳐주었다.

노인은 마치 기억을 되살리는 것처럼 손가락 끝으로 이마를 문지르면서 한순간 나를 바라보았다.

그런 다음 그는 미소를 지으며 내게 다가와서 말하는 것이었다.

"자넨 바로 내 절친한 친구의 아들이구먼. 자네 속에서 친구의 모습을 보니 참 기쁜 일일세."

그의 말에 몹시 감동된 나는 흡사 태풍이 오기 전에 본능적으로 자기 둥지로 인도되어 가는 연약한 새와도 같이 그에게로 이끌려갔다.

우리가 자리에 앉자 그는 아버지와 함께 보냈던 시절을 회상하면서 우리에게 두 사람의 우정에 대해 이야기해 주었다.

노인네란 마치 고국에 되돌아가고 싶어 애태우는 나그네와도 같이 자신의 청춘시절의 추억에 잠기기를 좋아하는 법이다.

그는 흡사 자기의 가장 훌륭한 시를 낭독하는 기쁨을 만끽하는 시인과도 같이 지난날의 이야기를 들려주는 것을 즐기는 것이다.

그는 정신적으로는 과거 속에 살고 있으니 현재란 후딱 지나가 버리기 때문이고, 게다가 미래란 그에겐 무덤의 망각으로 점차 가까워지는 것으로 느껴지기 때문이다.

패리스 에판디는 떠나갈 때 내 어깨에다 왼손을 올려놓고 내 오른손을 잡아 흔들면서 말하는 것이었다.

"자네 아버지를 못 본 지도 20년이 되었네. 자네가 자주 우리 집에 와서 아버지를 대신해 주기를 바라네."

나는 감사에 가득 차 아버지의 절친한 친구분에 대한 임무를 다하겠다고 약속했다.

노인이 떠나가자, 나는 그에 관해서 더 많은 걸 얘기해 달라고 친구에게 졸랐다.

그는 말했다.

"부유함이 그를 친절하게 만들고 친절함이 그를 부유하게 만드는 예를 나는 그분을 빼놓고 이 베이루트 안에서 달리 알지 못하네. 그는 이 세상에 태어나 어떤 사람에게도 해를 입히지 않고 떠나는 몇 안 되는 사람 가운데 하나지. 하지만 이 같은 종류의 사람들은 다른 사람들의 간계로부터 자신을 구제할 수 있을 만큼 충분히 영리하지 못하기 때문에 흔히 핍박을 받고 비참하게 되는 게 보통일세. 패리스 에판디에겐 딸이 하나 있는데 그녀 또한 아버지와 꼭 닮은 성품을 지니고 있다네. 그녀의 아름다움과 우아함이란 이루 형언할 수 없을 정도야. 하지만 그 역시 불행해질 거야. 왜냐하면 그녀 아버지의 부유함이 이미 그녀를 무시무시한 절벽 가장자리에다 세워놓고 있기 때문이지."

그가 이 말을 했을 때 그의 안색이 흐려지는 것을 나는 눈여겨봤다.

다시 그는 계속했다.

"패리스 에판디는 고귀한 마음을 지닌 선량한 노인이지만 그분에겐 의지력이 결핍되어 있어. 사람들은 흡사 그가 장님이라도 되는 양 그를 좌지우지한단 말이야. 그분의 따님은 자기의 자부심이나 지성에도 불구하고 아버지에게 순종하고 있는데, 이건 이 부녀간의 생활 속에 숨겨진 비밀이야. 그런데 이 비밀을 한 사악한 인간이 탐지했단 말일세. 그는 주교인데, 복음의 그늘 속에 교묘하게 악의를 감추고 있는 사람이지. 그는 자기가 친절하고 고귀하다는 걸 사람들이 믿도록 만들고 있어. 그는 종교를 숭상하는 이 땅에서 종교의 우두머리니까 말일세. 사람들은 그에게 복종하고 그를 숭배하지. 그는 흡사 도살장에 끌려가는 양 떼를 몰듯이 사람들을 인도하고 있다네. 이 주교에 겐 철저히 타락하고 증오심에 가득 찬 조카가 하나 있는데, 조만간에 그는 자기 오른편에다 이 조카를 앉히고 패리스 에판디의 딸을 왼편에 앉히게 될 날이 올 걸세. 그리하여 그는 둘의 머리 위에다 사악한 손으로 결혼의 꽃다발을 걸어주고는 순결한 처녀를 음탕한 패륜아(悖倫兒)와 결합시킬 거야. 그야말로 대낮의 마음을 밤의 가슴에다 내맡기는 격이지. 패리스 에판디와 그의 따님에 대해 내가 들려줄 수 있는 얘기란 이게 전부일세. 그러니 더 이상 내게 묻지 말아주게."

이렇게 말하면서 그는 자기 머리를 창쪽으로 돌렸는데, 그것은 마치 우주의 아름다움에 시선을 집중함으로써 인간 존재의 문제를 풀어보려는 것과도 같이 보였다.

집을 떠나면서 나는 친구에게 내가 패리스 에판디와 한 약속을 지키기 위해, 또한 그분과 우리 아버지와의 우정을 생각해서 며칠 내에 그분을 방문할 작정이라고 말했다.

한순간 그는 나를 응시했는데, 그때 나는 흡사 몇 마디 안 되는 단순한 내 말이 그에게 한 새로운 생각을 계시해 주기라도 한 듯 그의 표정이 변하는 걸 눈치챘다.

그러고는 참으로 이상한 시선으로 그는 내 눈을 똑바로 들여다보는 것이었다.

사랑과 자비와 공포의 시선으로 ─ 아무도 점칠 수 없는 미래를 예견하는 예언자의 표정과도 같이.

이윽고 그의 입술이 약간 떨렸으나 내가 문으로 한 걸음 떼어놓자 그는 아무 말도 하지 않았다. 그렇듯 이상한 표정은 줄곧 나를 따라다녔다.

그리고 후에 내가 자라서 인간 각자의 마음을 직관으로써

서로 이해하고 아울러 영혼이 지식과 더불어 성숙되는 경험의
세계로 들어가서야 비로소 나는 그 의미를 이해할 수 있었던
것이다.

3 ⸻ 두 영혼

불과 며칠이 지나지 않아 고독은 나를 압도했다. 게다가 나는 서책(書冊)들의 근엄한 표지에 그만 질려 버렸다.

그래서 나는 마차를 한 대 빌려서 패리스 에판디의 집을 향해 출발했다.

사람들이 소풍을 다니곤 하는 소나무 숲에 다다르자 마부는 길 양편에 버드나무들이 그늘을 드리우고 있는 도로로 마차를 몰았다.

이 길을 빠져나가자 우리는 녹색의 풀밭과 포도나무들, 그리고 이제 막 피어나는 형형색색의 수많은 4월의 꽃들을 볼 수 있었다.

몇 분 안에 마차는 아름다운 정원 한가운데에 있는 외딴집 앞에 멈춰 섰다. 장미와 치자와 그리고 재스민의 향기가 온통 대기 속에 가득 차 있었다.

내가 마차에서 내려 널따란 정원으로 들어서자니 패리스

에판디가 나를 마중 나오는 게 보였다.

그는 진심으로 환영하면서 나를 집 안으로 안내한 뒤에 흡사 자기 아들을 바라보는 행복에 겨운 아버지처럼 내 곁에 앉아선 나의 생활과 장래 문제 그리고 교육에 대해 질문을 퍼부어댔다.

나는 야심과 열정에 가득 찬 목소리로 그에게 대답했다. 왜냐하면 나는 내 귀에서 영광의 찬가가 울려 퍼짐을 들었으며 희망에 부푼 꿈의 고요한 바다를 항해하고 있었기 때문이다.

바로 그때에 호사스런 흰 비단 가운을 걸친 한 아름다운 젊은 여성이 벨벳 커튼을 친 문 뒤에서 나타나 내게로 걸어왔다. 패리스 에판디와 나는 자리에서 일어났다.

패리스 에판디는 정겨운 눈으로 그녀를 쳐다보며 말했다.

"내 딸 셀마라네."

그리고는 나를 그녀에게 소개하며 다음 같은 말을 덧붙였다.

"운명은 내 절친한 옛 친구를 그의 아들의 모습으로 내게 돌려주었단다."

셀마는 흡사 손님이 자기들 집을 방문하게 된 것이 이상한 일이라도 되는 것처럼 일순 나를 뚫어지게 쳐다봤다.

그녀의 손은 마치 흰 백합과도 같았고, 내가 거기에 닿았을 때 야릇한 아픔이 내 가슴을 꿰뚫었다.

우리는 셀마가 흡사 무언(無言)의 경의를 표할 만한 성령(聖靈)을 방 안으로 데리고 오기라도 한 것처럼 모두가 묵묵히 앉아 있었다.

그녀는 침묵을 의식하고 내게 미소를 지었다. 그리고 다음과 같이 말했다.

"저의 아버님은 젊은 시절 이야기와 더불어 당신 아버님과 함께 보낸 옛날 얘기를 여러 번 되풀이해서 제게 들려주셨어요. 만약 당신 아버님께서도 이와 같이 얘길 하셨다면 이 자리의 만남은 우리 사이에 처음 있는 일은 아닌 셈이죠."

노인은 자기 딸이 이런 식으로 말하는 걸 듣고 기뻐하며 말했다.

"셀마는 몹시 감상적이라네. 이 애는 온갖 것을 영혼의 눈을 통해서 보고 있지."

그런 다음 그는 마치 추억의 날개 위에 그를 태우고 과거의 시절로 데려다주는 마법의 매력을 내 속에서 발견이라도 한 것처럼 조심스럽고 재치 있게 얘기를 다시 계속했다.

내가 나 자신의 만년(晩年)을 꿈꾸면서 그것을 생각하고 있노라니, 그는 마치 폭풍우에 꿋꿋이 견뎌온 우뚝 솟은 고목과도 같이 또한 새벽의 미풍에 흔들리는 조그마한 어린 나무에다 그 그림자를 지어주는 햇살처럼 나를 쳐다보는 것이었다.

하지만 셀마는 말이 없었다. 이따금 그녀는 흡사 인생의 드라마의 첫 장(章)과 마지막 장을 읽는 것처럼 처음엔 나를, 다음엔 자기 아버지를 차례로 바라보았다.

정원에서의 시간은 재빨리 지나갔다. 그리하여 나는 창유리를 통해서 저녁노을이 누르스름하게 퍼지면서 레바논의 산들에

입 맞추는 걸 어렴풋이 볼 수 있었다.

패리스 에판디는 그의 경험담을 계속해서 늘어놓았으며, 나 또한 넋을 잃고 그의 말에 귀 기울였다.

그리고 내가 그와 같은 열정을 가지고 그에게 응답했기에, 정녕 그의 슬픔이 행복으로 바뀌는 것을 느낄 수 있었다.

셀마는 아무 말도 없이 슬픔에 찬 눈길로 우리를 바라보며 창가에 앉아 있었다.

하긴 아름다움이란 혀와 입술이 내는 소리보다 한층 더 숭고한 천상적인 고유의 언어를 갖고 있는 것이다.

그것은 모든 인류에 공통되는 영구적인 언어로, 지절대는 작은 시내들을 심연으로 이끌어 그들을 침묵하게 만드는 잔잔한 호수인 것이다.

오로지 우리의 영혼만이 아름다움을 이해하거나 아름다움과 더불어 살고 성숙할 수가 있다.

아름다움이란 우리들 마음을 당혹하게 만든다. 하여 우리는 그걸 말로써는 묘사할 수가 없는 것이다.

아름다움은 우리들 눈으론 볼 수 없는, 깨달은 자와 우러름을 받는 자에게서 우러나는 느낌이기 때문이다.

진정한 아름다움이란 영혼의 지성소(至聖所)로부터 발산하는 한 줄기 광명이니, 흡사 대지의 심저(深底)에서 솟아나와 한 송이 꽃에게 온갖 빛깔과 향기를 주는 생명과도 같이 육신에게 빛을 던져주는 것이다.

참된 아름다움이란 한 남자와 한 여자 사이에 존재할 수 있는 사랑이라는 영혼의 일치 속에 드러난다.

나의 영혼과 셀마의 영혼은 우리가 상봉했던 바로 그날 서로에게 도달했던 것일까? 그리하여 그 그리움은 나로 하여금 그녀를 태양 아래 가장 아름다운 여인으로 보게 만들었던가? 혹은 나는 다만 결코 존재한 적이 없는 대상을 공상하게 하는 청춘의 술에 취해 있었던 것일까?

나의 청춘은 내 타고난 두 눈을 멀게 하여 그녀의 눈의 빛남과 그 입술의 감미로움, 그리고 그 자태의 우아함을 상상하게 만들었던 것일까? 혹은 내 눈을 열어 사랑의 행복과 슬픔을 내게 보여준 것은 바로 그녀의 광휘와 감미로움과 우미(優美)였단 말인가?

이 같은 의문에 답하기란 어려운 것이다. 하지만 나는 진심으로 말할 수 있노니, 그때에 나는 이전엔 결코 느껴본 적이 없는 감동을 맛보았으며 정녕 내 가슴에 고요히 깃드는 새로운 연모의 정을 느꼈던 것이라고 — 흡사 천지창조 때 바다 위를 떠돌아다니는 영혼과도 같이.

그리하여 바로 그러한 연모의 정으로부터 나의 행복과 나의 슬픔이 탄생했던 것이다.

이와 같이 셀마와의 내 첫 상봉의 시간은 끝을 맺었다.

또한 이렇게 해서 결국 천의(天意)는 청춘과 고독의 속박에서 나를 해방시켜주었으며, 동시에 나로 하여금 사랑의 행로를 걸어가게 만들어주었다.

　오직 사랑만이 이 세상에서 유일한 자유가 되는 것이니, 그것은 우리들 영혼을 그와 같이 고양시켜 종내에는 인간의 법률이나 자연의 현상마저도 그 진로를 바꾸게 하지 못하는 까닭에서다.

　내가 떠나려고 자리에서 일어섰을 때 패리스 에판디는 내게 가까이 다가와서 침착하게 말했다.

　"자, 내 아들아! 자넨 이 집에 오는 길을 알았으니, 이젠 자네 아버지의 집에 온다는 기분으로 자주 와야 하네. 나를 아버지로 그리고 셀마를 누이로 생각하게나."

　이렇게 말하면서 그는 마치 자기 말에 대한 확인이라도 구하려는 듯이 셀마를 향해 돌아섰다.

　셀마는 확고한 표정으로 고개를 끄덕였다. 그러고는 흡사 오래 사귄 친구라도 되는 양 나를 바라보았다.

　패리스 에판디 카라미의 입에서 흘러나온 이 말들은 그의 딸과 더불어 나를 사랑의 제단 위에 나란히 세워준 셈이었다.

　이 말들은 환희와 더불어 시작해서 비애로 끝나 버리는 천상의 노래였으니, 그것은 우리들 영혼을 빛과 타오르는 불꽃의 왕국에까지 솟구치게 했지만 행복과 쓰라림도 동시에 마시게 된 술잔이기도 했던 까닭이다.

　나는 그 집을 떠났다.

　노인은 정원의 가장자리까지 나를 배웅해 주었는데, 내 가슴

은 내내 목말랐던 사람의 떨리는 입술처럼 심하게 고동치고
있었다.

4 ⸺ 하얀 불꽃

    니싼달(4월)은 거의 지나갔다. 나는 계속해서 패리스 에판디의 집을 방문했으며, 그 아름다운 정원에서 셀마를 만나 그녀의 아름다움을 지그시 바라보고 그녀의 지성에 경탄하며 슬픔에 찬 정적에 귀 기울였다.

    나는 그녀에게로 나를 이끌어가는 보이지 않는 손을 느꼈던 것이다.

    방문 때마다 나는 그녀의 아름다움에서 새로운 의미를 찾아냈으며, 그녀의 감미로운 영혼 속에서 새로운 것을 통찰했다. 그녀가 내미는 한 페이지 한 페이지를 내가 이해하고, 그 구절구절을 내가 노래할 수 있는 한 권의 책이 되었을 때까지.

    그러나 나는 그 책을 결코 끝까지 읽어내지 못했다.

    섭리가 그 영혼과 육신에 아름다움을 태워준 여인은 드러난 동시에 감춰진 하나의 진리인 것이니, 우리는 오로지 사랑에 의해서만 그걸 이해할 수 있고 미덕에 의해서만 그걸 감촉할 수 있기 때문이다.

그러므로 우리가 이와 같은 여인을 묘사하고자 할 때면 그녀는 안개처럼 사라져 버리는 것이다.

셀마 카라미는 육신의 아름다움과 영혼의 아름다움을 두루 지니고 있었다. 하지만 그녀를 한 번도 본 적이 없는 사람에게 내 어찌 그녀를 묘사할 수 있으랴?

죽은 자가 과연 나이팅게일의 노래와 장미의 향기며 시냇물의 한숨을 기억할 수 있겠는가? 족쇄로 무겁게 짓눌린 죄수가 새벽의 미풍을 따라갈 수 있겠는가? 침묵은 죽음보다 더욱 고통스러운 것이 아니란 말인가?

내가 셀마를 반짝이는 색채로써 성실하게 그릴 수 없다고 해서, 내 자부심이 그녀를 평범한 말로 묘사하는 것을 금하고 있는가?

사막에서 굶주린 사람은 만약에 신(神)이 그에게 만나와 메추라기들을 쏟아주지 않을진댄 비록 말라빠진 빵일지라도 거부하지 않으리라.

흰색 비단 옷을 입고 있으면 셀마는 창문으로 스며드는 달빛인 양 가냘팠다. 그녀는 우아하게 율동적으로 거닐었다. 그녀의 음성은 나지막하고도 부드러웠으며, 그녀의 입술에서 흘러나온 말들은 흡사 바람이 헤살 지을 때 꽃잎에서 떨어지는 이슬방울과도 같았다.

그러나 셀마의 얼굴이란! 처음엔 격심한 내면의 고뇌를 반영하고, 다음엔 천상적 환희를 잇달아 되비추는 그와 같은 표정을 묘사할 수 있는 말은 정녕코 없을 것이다.

셀마의 얼굴이 지닌 아름다움은 고전적인 것은 아니었다. 그것은 화가의 붓이나 조각가의 끌로는 도저히 측량할 수도, 붙들어 매어둘 수도 혹은 흉내 낼 수도 없는, 마치 계시(啓示)가 드러난 꿈과도 같은 것이었다.

셀마의 아름다움은 그녀의 금발에 있는 것이 아니라 그걸 에워싸고 있는 덕(德)과 순결에 있었으며, 그녀의 커다란 두 눈 속이 아니라 그 눈으로부터 발산되는 빛에, 그녀의 붉은 입술이 아니라 그것으로부터 흘러나오는 말의 감미로움 속에, 또한 그 상앗빛 이목구비가 아니라 앞으로 다소곳이 숙이는 고갯짓 속에 있었다.

그녀의 아름다움은 그녀의 완전한 자태 속에 있는 것이 아니라 하늘과 땅 사이에서 흡사 하얗게 타오르는 불꽃인 양 타오르는 그녀의 고귀한 영혼 속에 있었던 것이다.

그녀의 아름다움은 마치 시(詩)의 선물과도 같은 것이었다. 하지만 시인이란 불행한 사람들이니, 저들의 영혼이 아무리 높은 곳에 도달할지라도 저들은 여전히 눈물의 봉지 속에 갇혀 있을 것이기 때문이다.

셀마는 말이 많기보다는 깊이 생각에 잠기는 편이었다. 그리고 그녀의 침묵은 우리를 꿈의 세계로 데리고 가 자기 심장의 고동소리에 귀 기울이게 하는 일종의 음악이었다.

그리하여 우리는 우리 앞에 서서 두 눈으로 우리를 바라보는 우리의 생각과 느낌의 환영들을 보게 되는 것이다.

셀마는 평생을 통해 내내 깊은 슬픔의 덮개를 쓰고 있었으니, 이것이 오히려 그녀의 신비한 아름다움과 기품을 더해주는 것이었다. 흡사 꽃이 만발한 나무가 새벽안개 속에서 더욱 아름다운 것과도 같이.

슬픔은 그녀의 영혼과 나의 영혼을 고리처럼 이어주었다. 마치 우리가 저마다 상대방의 얼굴 속에서 서로의 심장이 느끼고 있는 바를 읽고, 그 숨겨진 목소리의 메아리를 듣기라도 했던 것처럼.

신(神)은 두 개의 육신을 하나로 만들었으니, 이별이란 곧 고통밖에 무엇이 되었으랴.

슬픔에 잠긴 영혼은 자기와 닮은 영혼과 결합될 때 비로소 안식처를 얻게 된다. 그들은 애정을 다해 융합된다. — 마치 이방인이 낯선 이국에서 또 한 사람의 이방인을 만났을 때 기운이 북돋워지는 것과도 같이.

슬픔이란 매개를 통해 결합된 가슴은 행복이란 영광에 의해 분리되지 않으리.

눈물에 의해 씻긴 사랑이란 영원히 순결하고 아름다운 것으로 남아 있으리.

5 ⸺ 폭풍우

어느 날, 패리스 에판디가 나를 식사에 초대했다. 나는 수락했다.

실상 내 영혼은 신(神)이 셀마의 손에 쥐어준 성스러운 빵, 우리가 그걸 먹으면 먹을수록 더욱더 갈망하게 되는 그러한 영혼의 빵에 굶주리고 있었다. 저 아라비아의 시인 카이스와 단테나 사포가 맛보았고, 그리하여 저들의 가슴을 불붙게 했던 것도 바로 이 빵이었다. 그것이야말로 여신(女神)이 키스의 달콤함과 눈물의 비통함을 함께 마련해 준 바로 그 빵인 것이다.

패리스 에판디의 집에 다다랐을 때 나는 나무에 머리를 기댄 채 정원의 벤치에 앉아 있는 그녀를 보았다.

그녀는 흡사 흰 비단 옷을 휘감은 신부처럼 보였다. 혹은 그곳을 지키고 있는 파수병과도 같았다고 할까.

말없이 경건한 자세로 그녀에게로 다가가서 나는 그 옆에 앉았다. 나는 말을 할 수가 없었던 것이다.

그러므로 나는 심장의 유일한 언어인 침묵에 호소할 수밖에 없었지만, 그래도 셀마는 내 무언(無言)의 부름에 귀 기울이고 내 눈에 깃든 내 영혼의 영상(影像)을 지켜보고 있음을 나는 느꼈다.

잠시 후 노인이 나와서 언제나처럼 나를 반겨주었다. 그가 나를 향해 손을 뻗쳤을 때 나는 흡사 그 동작이 나와 그의 딸을 결합시킨 비밀을 축복하고 있는 것처럼 느껴졌다.

이윽고 그가 말했다.

"얘들아, 저녁이 준비되었으니 가서 들자꾸나."

우린 일어서서 그를 따랐다. 그러자 셀마의 두 눈이 빛났다. 왜냐하면 그녀의 아버지가 우리를 '얘들아.' 하고 불러줌으로써 그녀의 사랑에 또 하나의 새로운 감정이 덧붙여졌기 때문이었다.

우리는 식탁에 앉아 오래된 포도주까지 들면서 즐겁게 식사를 했다.

하지만 우리들의 영혼은 아득히 먼 세계에서 살고 있었다. 우리는 미래와 그것이 가져다줄 신고에 대해 몽상하고 있었던 것이다.

세 사람은 생각에 있어선 분리되어 있었지만 사랑으로 결합되어 있었다. 감정은 풍부하나 지식은 빈약한 무구한 세 사람 — 즉 자기 딸을 사랑하고 딸의 행복을 위해 노심초사하는 한 노인과 불안스레 미래를 내다보는 스무 살 난 젊은 처녀,

그리고 삶의 포도주도, 삶의 식초도 맛보지 못한 채 꿈꾸고 근심하면서 사랑과 지식의 절정에 도달하고자 안간힘을 쓰건만 그 자신을 들어올릴 수는 없는 한 젊은이에 의해 한 편의 연극이 공연되고 있었던 것이다.

우리 세 사람은 황혼의 박명(薄明) 속에 앉아 천상의 눈이 지켜주는 저 한적한 집 안에서 먹고 마시고 있었지만, 우리가 드는 잔 밑바닥에는 숨겨진 비통과 번민이 깔려 있었다.

우리가 식사를 끝마쳤을 때, 하녀 하나가 들어와 패리스 에판디를 만나고자 하는 사람이 현관에 와 있음을 알렸다.

"누구냐?"

노인이 물었다.

"주교님의 심부름꾼입니다."

하녀가 대답했다. 패리스 에판디가 흡사 천상의 비밀을 알아내고자 하늘을 우러러보는 예언자와도 같이 자기 딸을 빤히 응시하는 동안 침묵의 순간이 흘렀다.

이윽고 그가 하녀에게 말했다.

"그 사람을 들여보내."

하녀가 나가자, 동양식 복장을 하고 끝이 곱슬곱슬한 턱수염이 더부룩한 한 남자가 들어와서 노인에게 인사를 했다.

"주교 각하께서 마차로 어르신을 모셔오라는 분부십니다. 어르신과 더불어 중대한 일을 의논하고 싶다고 하십니다."

노인의 얼굴은 흐려졌고, 그의 미소는 사라졌다.

한순간 깊이 생각한 뒤 그는 내게 가까이 다가와서 정다운 목소리로 말했다.

"내가 돌아올 때까지 이곳에 있어주었으면 하네. 이 쓸쓸한 집에서 자네가 말동무가 되어준다면 셀마가 즐거워할 테니까 말일세."

이렇게 말하면서 그는 셀마에게로 고개를 돌리고 미소를 지으면서 그녀의 동의를 구했다.

그녀는 고개를 끄덕였다. 하지만 그녀는 뺨을 붉게 물들인 채 리라의 음악보다도 더 달콤한 목소리로 말했다.

"우리 집 손님을 행복하게 해드리기 위해 최선을 다하겠어요, 아버지."

셀마는 마차가 자기 아버지와 주교의 심부름꾼을 태우고 사라져 버릴 때까지 지켜보았다.

그러고 나서 그녀는 돌아와 녹색 비단으로 커버를 씌운 소파 가까이 와서 내 맞은편에 앉았다.

그녀는 마치 새벽의 미풍에 따라 녹색 풀밭의 양탄자를 향해 고개 숙이는 한 송이 백합과도 같았다.

수목으로 에워싸인 아름다운 셀마의 집에서 그녀와 내가 단둘이 있게 된 것은 정녕 하늘의 뜻이었다. 그리고 그곳이 침묵과 사랑과 아름다움과 덕이 더불어 살고 있는 곳임에랴.

우리는 둘 다 말이 없었다. 서로가 먼저 말하기를 기다리면서……

하지만 두 영혼이 서로 이해하는 유일한 수단이 말만 있는 것은 아니다. 입으로 말하는 것보다 더욱 위대하고 더욱 순수한 어떤 것이 있는 법이다.

침묵은 우리의 혼을 비춰주고 우리들의 가슴에 대고 속삭이며 둘을 함께 이끌어 들인다. 침묵은 우리를 우리 자신으로부터 떼어놓아 우리로 하여금 영혼의 창공을 향해할 수 있게 해서 종내에는 우리를 천국에 더욱 가까이 데리고 간다. 그리하여 결국 육체란 감옥에 불과하고, 이 세계는 유형지에 지나지 않는다는 걸 우리는 느끼게 되는 것이다.

셀마는 나를 바라봤다. 그리고 그녀의 두 눈은 그 가슴의 비밀을 드러냈다.

이윽고 그녀가 조용히 입을 열었다.

"정원으로 나가 나무 아래 앉아서 산 너머로 떠오르는 달을 구경해요."

나는 고분고분하게 자리에서 일어났지만 망설였다.

"달이 떠올라 정원을 비춰줄 때까지 여기서 좀 더 있는 게 낫다고 생각지 않아요?"

그리고 나는 계속 말했다.

"어둠이 나무와 꽃들을 가리고 있어서 아무것도 볼 수 없을 텐데."

그러니까 그녀가 말했다.

"설사 어둠이 나무와 꽃들을 숨긴다 한들 우리 가슴속의 사랑은 감추지 못할 거예요."

신비스런 어조로 이 말을 하면서 그녀는 시선을 돌려 창밖을 바라봤다.

나는 그녀의 말을 곰곰이 생각하면서 침묵을 지켰다. 그 한마디 한마디에 담긴 진정한 의미를 달아보면서.

그러자 그녀는 흡사 자기가 한 말을 후회하기라도 하는 양, 그리하여 자기 시선의 마력으로 내 귀에서 이 말을 쫓아버리려고나 하는 것처럼 나를 지그시 바라보았다.

그러나 이 같은 시선은 그녀가 말한 것을 나로 하여금 잊어버리게 하기는커녕 오히려 내 가슴의 심층으로부터 이미 내 기억의 영원성 속에 각인된 감미로운 말들을 더욱 선명하게, 더욱 절실히 되풀이할 뿐이었다.

이 세상의 온갖 아름다움과 위대함도 오로지 한 인간의 내면에서 생기는 단 한 번의 감동과 사고에 의해 창조되는 것이다.

오늘날 우리가 보고 있는, 지난 세대에 의해 생성된 온갖 현상도 그것이 나타나기 전에는 한 남자의 마음속에 깃든 한 가지 생각 혹은 한 여성의 가슴속에 일깨워진 하나의 충동이었다.

그토록 많은 피를 흘리고 인간의 마음을 자유로 향하게 했던 허다한 혁명도 수천 명의 사람 가운데 살고 있던 한 인간의 관념에서 나온 것이었다. 수다한 제국들을 멸망시킨 저 파괴적

전쟁도 한 개인의 마음속에 존재하는 하나의 사고에서 비롯된 것이었다. 인간성의 행로를 바꾸어놓은 지고(至高)의 가르침도 그의 천재가 자신을 환경으로부터 격리시킨 한 남자의 이상에서 나온 것이었다. 단 한 번의 사고(思考)가 피라미드를 축조했고, 이슬람의 영광을 구축했으며, 알렉산드리아의 도서관을 불태운 원인이 되었던 것이다.

한 가지 생각이 문득 한밤중에 그대에게 떠올라와 그대를 영광으로 높여주기도 하고 혹은 그대를 정신병원으로 이끌어가기도 하리.

한 여성의 단 한 번의 눈짓이 그대를 세상에서 제일 행복한 남자로 만들기도 하고, 한 사람의 입에서 흘러나온 단 한마디 말이 그대를 부자로도 만들고 가난뱅이로 만들기도 하리.

그날 밤 셀마의 입에서 나온 이 말은 흡사 대양 한가운데 닻을 내린 한 척의 보트와도 같이 과거와 미래 사이에다 나를 붙들어 매어놓았다. 그 말은 나를 청춘과 고독의 혼수로부터 일깨워, 삶과 죽음이 연기하는 인생의 무대 위에다 나를 올려놓았던 것이다.

꽃향내는 미풍에 뒤섞여 풍겼다. 우리가 정원으로 내려가 재스민나무 곁 벤치 위에 말없이 앉았을 때, 그리하여 푸른 하늘 속에서 천상의 눈이 우리들의 연극을 지켜보는 동안 잠자는 자연의 숨소리에 우리가 귀 기울였을 때.

달이 순간 산 너머에서 떠올라와 해안과 언덕이며 산들을 비추었다. 그리하여 우리는 흡사 요술이 돌연 아무것도 없는 데서 나타나게 해준 환영과도 흡사한 계곡으로 테두리를 한 마을들을 볼 수 있었다. 우리는 은색 달빛 아래 온통 모습을 드러낸 레바논의 아름다움을 속속들이 볼 수 있었다.

서구의 시인들은 에덴동산이 아담과 이브의 타락 이후 상실된 것과 마찬가지로, 레바논 역시 다윗과 솔로몬과 선지자들이 사라진 이래로 묻혀버린 전설상의 한 지역으로 생각하고 있다.

서구의 시인들에겐 '레바논'이란 어휘는 신성한 삼나무의 향내로 흠씬 젖어 있는 산들과 결부된 하나의 시적 표현이 되었다. 그것은 구리로 된 사원과 준엄하게 서 있는 난공불락의 대리석, 그리고 계곡에서 풀을 뜯고 있는 한 무리의 양 떼를 그들에게 상기시킨다.

그날 밤 나는 꿈같은 모습의 레바논을 시인의 눈으로 바라봤던 것이다.

이렇게 해서 사물의 외양은 정서에 따라 변화하고, 우리는 그에 따라 그 속에 깃든 마력과 아름다움을 보게 된다. 마력과 아름다움이란 실상 우리 자신의 내면에 깃들어 있는 것이니까.

달빛이 셀마의 얼굴과 목덜미 그리고 두 팔을 두루 비출 때, 그녀는 흡사 미(美)와 사랑의 여신 이슈타르를 숭배하는 어떤 예배자의 손가락으로 조각된 상아 조상(彫像)처럼 보였다.

그녀는 나를 바라보며 말문을 열었다.

"왜 아무 말이 없으세요? 당신의 과거에 대해 아무 얘기라도 해주지 않으시겠어요?"

그녀가 나를 응시하자, 어느새 무언의 부자유가 사라지면서 내 입술이 절로 열렸다.

나는 그녀에게 말했다.

"우리가 이 정원으로 나오면서 내가 한 말을 듣지 못했던 가요? 꽃들의 속삭임과 침묵의 노랫소리를 들을 줄 아는 영혼은 내 영혼의 절규와 내 가슴의 외침 소리도 역시 들을 수 있답니다."

그녀는 두 손에 얼굴을 파묻고서 떨리는 목소리로 말했다.

"그래요. 전 들었어요. 밤의 가슴속에서 솟아나오는 당신의 목소리와 대낮의 심장에서 울부짖는 절규를……."

나의 과거. 나의 이 현재의 생존 — 아니, 셀마를 제외한 일체의 것 — 은 깡그리 잊은 채, 나는 그녀에게 응답했다.

"나 또한 들었어요, 셀마. 대기 속에 고동치고, 그리하여 온 우주를 온통 떨게 만드는 상쾌한 음악을……."

그녀는 이 말을 듣고서 두 눈을 감았다. 그리고 나는 보았다. 그녀의 입술 위에 슬픔과 뒤섞인 기쁨의 미소가 떠오르는 것을…….

그녀가 부드럽게 속삭이듯이 다시 말했다.

"하늘보다도 더 높고 대양보다도 더 깊고 삶과 죽음과 시간보다도 더 신비로운 어떤 것이 이 세상엔 존재한다는 걸 전 이제 알았어요. 이전엔 미처 몰랐었던 걸 지금에서야 안 거예요."

그 순간, 셀마는 친구보다도 소중하고 누이보다 더 가깝고 그리고 연인보다 더욱 사랑스러운 존재가 되었다.

그녀는 지고의 사상이 되었고, 아름다운 꿈이 되었으며, 내 영혼 속에 살고 있는 압도적인 정서가 되었던 것이다.

사랑이란 오랜 사귐과 끈질긴 구애로부터 온다는 생각은 잘못된 것이다.

사랑이란 정신적 친화력의 소산으로, 이 친화력은 한순간에 생성되는 것이 아니다. 또한 몇 년이 지나거나 몇 세대가 경과한다 해서 창조되는 것도 아니다.

셀마가 이윽고 고개를 들더니, 산이 하늘과 맞닿는 지평선을 응시하며 말했다.

"어저께 당신은 내겐 흡사 우리 아버지의 보호 아래서 나와 함께 살며 내 곁에 조용히 앉아 있는 형제와도 같았어요. 하지만 지금 나는 형제간의 애정보다 더욱 신비롭고 감미로운 어떤 것의 현존을 느껴요. 내 가슴을 슬픔과 행복으로 가득 채우는 사랑과 두려움이 뒤섞인 낯선 감정을……."

나는 이에 응답했다.

"우리가 두려워하고 또한 우리의 가슴을 가로지를 때 우리를 뒤흔들어놓는 이 감정은 달을 대지의 둘레로 인도하고 태양을 신의 주변으로 안내하는 자연의 법칙인 것이지요."

그녀는 내 머리에 손을 얹고서 손가락으로 내 머리카락을 쓰다듬었다. 그녀의 얼굴은 환히 빛났고 눈물이 흡사 백합꽃 잎사귀에 매달린 이슬방울과도 같이 두 눈에서 떨어져 내렸다.

그리고 그녀는 말했다.

"그 누가 우리의 이야기를 믿을까요. 바로 이 시각에 우리가 의혹의 장애물을 극복한 것을 대체 누가 믿을까요? 우리가 최초로 결합된 이 4월이 바로 우리를 삶의 지성소(至聖所)에 멈추게 한 달이란 걸 누가 믿을까요?"

그녀가 말하는 동안 내내 그녀의 손은 내 머리 위에 놓여 있었다. 그리고 나는 왕관이나 혹은 영광의 화환을 머리 위에 얹어놓는 것보다, 차라리 내 머리카락 속에 휘감긴 이렇듯 부드럽고 아름다운 손을 택했으리라.

나는 그녀에게 대답했다.

"사람들은 믿지 않을 테죠. 그네들은 사랑이 계절의 도움 없이 자라고 꽃필 수 있는 유일한 꽃이란 걸 알지 못하니까. 하지만 우리를 최초로 만나게 한 것은 4월이 아닌가요? 또한 우리를 삶의 지성소에다 가두어 버린 것은 바로 이 시간이잖아요? 우리의 혼을 출생 이전에 결속시키고 온 낮과 밤을 통해 우리로 하여금 서로의 포로로 만든 것은 신(神)의 손이 아니겠어요? 인간의 삶이란 자궁 속에서 시작되는 것도 아니고 무덤 속에서 끝나는 것도 아니랍니다. 그리고 달빛과 별들로 가득 찬 이 창공은 사랑하는 영혼과 직관적인 정신에 의해 버림받지 않는 것이지요."

그녀가 내 머리에서 손을 빼냈을 때 나는 밤바람에 뒤섞인 일종의 전류가 내 머리카락의 뿌리에서 흐름을 느꼈다.

흡사 지성소에서 제단에 입맞춤으로써 강복(降福)을 받은 헌신적인 예배자처럼 나는 셀마의 손을 잡고 내 불타는 입술을 그 위에 대고서 긴긴 입맞춤을 했다. 내 마음을 녹여주고, 그 달콤한 맛으로 내 영혼의 온갖 미덕을 일깨워주는 저 잊을 수 없는 입맞춤을…….

한 시간이 흘렀다. 그 일 분 일 분이 사랑의 한 해였던 한 시간이.

밤의 침묵과 달빛이며 꽃과 수목들은 우리에게 사랑 이외의 모든 현실을 깡그리 잊게 했다.

그때 우리는 돌연 말발굽 소리와 마차 바퀴의 덜그럭거리는 소리를 듣게 되었다. 기분 좋은 기절상태에서 깨어나 꿈의 세계로부터 당혹과 비탄의 세계로 뛰어든 우리는 노인이 사명을 마치고 돌아오는 소리를 들었던 것이다.

우리는 일어나서 그를 마중하기 위해 정원을 가로질러 걸어갔다.

마차가 정원 입구에 도착했을 때 패리스 에판디는 마차에서 내려 우리를 향해 천천히 걸어왔다. 흡사 무거운 짐을 나르는 양 몸을 약간 앞으로 굽힌 채…….

그는 셀마에게로 다가와서 그녀의 어깨에 두 손을 얹고서 그녀를 지그시 바라봤다.

그의 주름진 뺨에선 눈물이 흘러내렸으며, 입술은 슬픔에 가득 찬 미소를 머금은 채 떨고 있었다.

목멘 소리로 그가 말했다.

"내 사랑하는 셀마야, 머지않아 너는 이 아빠의 품에서 떠나 다른 남자의 품으로 옮겨갈 게다. 이제 곧 운명은 너를 이 한적한 집에서 사교계의 드넓은 대저택으로 데려갈 게다. 그러면 이 정원은 네 발자국 딛는 소리를 아쉬워할 테고, 이 아빠는 네겐 한갓 외간 남자에 지나지 않게 되겠구나. 만사는 끝났다. 신이 네게 축복을 내리시기를 빈다."

이 말을 듣자 셀마의 얼굴은 어두워졌으며, 흡사 죽음의 예고라도 들은 양 그녀의 두 눈은 얼어붙었다.

잠시 후, 그녀가 날카롭게 부르짖었다. 마치 총탄에 맞아 쓰러진 한 마리 새와도 같이 고통에 겨워 바들바들 떨면서 목멘 소리로 말했다.

"대체 뭐라고 말씀하셨어요? 그게 도대체 무슨 뜻이에요? 저를 어디로 보내겠다니요?"

그러더니 그녀는 아버지의 비밀을 간파하려는 듯이 탐색하는 눈초리로 그를 쳐다보았다.

잠시 후 그녀가 다시 말했다.

"알겠어요. 죄다 알 만해요. 주교는 아빠에게서 저를 빼앗아 날개 부러진 이 새를 새장 속에 가두려는 거죠? 하지만 이게 아빠의 뜻인가요?"

그는 깊은 한숨으로 대답을 대신했다. 그리고는 셀마를 데리고 집 안으로 들어갔다.

나는 한동안 정원에 남아 멍하니 서 있었다. 흡사 가을날 나뭇잎들 위로 휘몰아치는 태풍과도 같이 나를 후려치는 혼란된 물결에 휘말린 채……

이윽고 나는 그들을 따라 거실로 들어갔다. 그리고 나는 당황한 모습을 보이지 않으려고 노인과 악수를 한 뒤 내 아름다운 별 셀마를 바라보고, 그리고 나는 그 집을 떠났다.

정원의 끝에 다다랐을 때, 나는 나를 부르는 노인의 목소리를 들었다. 그래서 나는 돌아서서 그를 마주 보았다.

그는 사죄하는 태도로 내 손을 잡고 말했다.

"용서하게나, 여보게. 공연히 눈물을 보여 자네의 저녁을 망쳐놓았네그려. 하지만 부디 날 만나러 와주게. 이 집이 텅 비고 내가 외로워 절망에 빠질 테니까. 내 친애하는 아들이여, 아침이 밤과 만날 수 없듯이, 젊음은 노령과 어울릴 수 없는 걸세. 하지만 자네는 내게 와서 내가 자네 아버지와 더불어 보낸 내 청춘시절의 추억을 일깨워주게나. 또 자네는 이미 나를 제쳐둔 삶의 소식들을 내게 와서 얘기해 줘야만 하네. 셀마가 떠나고, 이 늙은 내가 이곳에 외롭게 남겨져도 자넨 날 찾아오지 않을 텐가?"

그가 이렇게 비탄에 젖은 말을 쏟아놓는 동안 나는 내내 말없이 그의 손을 잡고 흔들었다. 그리고 내 손 위로 떨어져 내리는 그의 따뜻한 눈물을 나는 느꼈다. 슬픔과 자식 같은 애정으로 떨면서 나는 가슴의 비통함으로 질식할 것만 같았다.

내가 고개를 들었을 때, 그는 내 눈 속에 가득한 눈물을 보았다. 그리고 그는 몸을 굽혀 내 이마에다 입을 맞췄다.

"잘 가거라. 아들아, 잘 가거라."

노인의 눈물이 젊은이의 눈물보다 훨씬 더 설득력이 있는 까닭은, 그것은 그의 쇠잔해 가는 육신에 남아 있는 삶의 찌꺼기이기 때문이리라. 젊은이의 눈물은 장미꽃잎에 떨어지는 이슬방울과도 같지만, 늙은이의 눈물은 겨울이 다가올 때 바람에 흩날리는 낙엽과도 같은 것이다.

내가 패리스 에판디 카라미의 집을 떠났을 때도 셀마의 목소리는 여전히 내 귀에서 울렸으며, 그녀의 아름다움은 혼령과도 같이 나를 따라왔다. 그리하여 그녀의 아버지가 내 손등에 흘린 눈물은 점차로 말라갔다.

나는 흡사 낙원에서 추방된 아담처럼 떠나왔지만, 내 가슴속의 이브는 전 세계를 온통 에덴으로 만들기 위해 나와 함께 있지는 않았다. 그날 밤 나는 거듭 태어났건만 처음으로 죽음의 얼굴을 보았다고 느꼈다.

태양은 이처럼 그 열기로 들판에다 생기를 불어넣기도 하고, 들판을 말려 죽이기도 하는 것이다.

6 .... 사랑의 맹세

 인간이 밤의 암흑 속에서 은밀히 도모하는 모든 일은 대낮의 밝음 속에 명백히 드러나는 법이다. 내밀히 속삭여진 말들은 뜻밖에도 공동의 화제가 되리라.

 오늘 우리들의 숙소 한 모서리에 감추는 행위도 내일이면 온갖 거리마다에서 외쳐질 것이다.

 그리하여 어둠의 유령들은 뷸로스 갈리브 주교가 패리스 에판디 카라미와 회견한 저의를 폭로했으며, 그날의 화제는 온 동네에 쫙 퍼져 마침내 내 귀에까지 들어오게 되었다.

 그날 밤 뷸로스 갈리브 주교와 패리스 에판디 사이에 거론된 문제는 가난한 사람들이나 과부나 고아들에 관한 것은 아니었다. 패리스 에판디에게 사람을 보내어 주교의 개인 마차에 태워 그를 데려간 주된 목적은 셀마를 주교의 조카 만수르 베이 갈리브와 약혼시키는 것이었다.

 셀마는 부유한 패리스 에판디의 유일한 혈육이었다. 그리고 주교가 셀마를 택한 것은 그녀의 아름다움이나 고귀한 영혼 때문이 아니라 만수르 베이에게 명예롭고 유복한 행운을 보장해 주고 그를 명사로 만드는 데 필요한, 그녀의 부친이 가진 막대한 재산 때문이었다.

동방에 있어선 종교의 우두머리들이 그네들 자신의 베풂에 만족하지 않고 자기 가족들 전부를 우월자나 압제자로 만들고자 노력하는 것임에 틀림없다.

왕자의 영광은 상속에 의해 장남에게 돌아가지만, 종교 지도자에 대한 존대는 그의 형제나 조카들 사이에까지 만연(蔓延)되는 것이다.

따라서 기독교의 주교와 모슬렘의 이맘(지도자), 그리고 브라만의 승려들은 흡사 그들의 먹이를 수많은 촉수로 낚아채서 수많은 입으로 그 피를 빨아먹는 바다 파충류와도 같이 되는 것이다.

주교가 자기 조카를 위해 셀마에게 청혼했을 때 그녀의 아버지로부터 받은 유일한 대답은 깊은 침묵과 떨어지는 눈물이었으니, 그는 자신의 유일한 혈육을 잃는 것이 싫었기 때문이다. 어엿한 젊은 처녀로 키워놓은 자기의 무남독녀와 헤어지게 된다면 어떤 사람의 영혼이라도 전율하리라.

딸의 결혼을 맞는 양친의 슬픔은 아들의 결혼을 맞는 그들의 행복과 맞먹는다. 왜냐하면 아들은 가정에 새 가족을 데려오지만 반대로 딸은 결혼으로 인해 잃어버리는 결과가 되는 까닭이다.

패리스 에판디는 주교의 요청을 마지못해 받아들였다. 본의 아니게 그의 의사에 복종하는 심경으로……. 왜냐하면 패리스 에판디는 주교의 조카를 너무나 잘 알고 있었으므로. 그가 위험한 인물이며 증오심과 사악함으로 가득 찬 형편없이 타락한 인간이라는 것을…….

레바논에선 어떤 신자도 그의 주교에게 대항해서는 훌륭한 신분을 유지할 수가 없다. 어떤 사람도 종교 지도자에게 복종하지 않고선 자신의 명성을 지킬 수 없다. 눈은 창에 찔리지 않고선 그 창에 대항할 수 없고, 손은 검에 베이지 않고선 그걸 움켜잡을 수 없는 법이다.

패리스 에판디가 주교에게 반대해서 그의 청을 거절했다고 상상해 보라. 셀마의 평판은 대번에 땅에 떨어지고, 그녀의 이름은 입술과 혓바닥의 더러운 오물에 의해 기필코 더럽혀졌으리라.

여우의 생각으론 손닿을 수 없는 높은 가지의 포도송이는 시어서 못 먹는 포도인 것이다.

그리하여 운명은 셀마를 사로잡아 가련한 동방의 여성이면 누구나 가는 행로를 따라 흡사 굴욕적인 노예인 양 이끌어갔으며, 그래서 꽃향내 그윽한 달빛 환한 하늘을 사랑의 흰 날개를 타고 훨훨 날아다닌 이 고귀한 영혼을 무참히도 함정 속에 떨어뜨리고 말았다.

어떤 나라에선 양친의 부(富)가 자식들에겐 비참의 근원이 되는 수가 있다. 부모가 저들의 부의 안전을 위해 사용한 넓고도 튼튼한 금고는 그들 상속자의 혼에겐 좁다랗고 캄캄한 감옥이 된다.

사람들이 숭배하는 전능한 디나르(Dinar, 근동에서 사용되고 있는 화폐의 단위)는 그들의 영혼을 처형하고 마음을 죽이는 악마가 되는 것이다.

셀마 카라미는 양친의 재산과 신랑의 탐욕 때문에 희생된 사람들 중 하나였다. 자기 아버지의 재산만 아니었던들, 셀마는 아직도 행복하게 살고 있으련만……

일주일이 지나갔다. 셀마의 사랑은 내게 남은 유일한 위안이었으니, 그것은 밤이면 나를 위해 행복의 노래를 불러주고 새벽이면 삶의 의미와 자연의 비밀을 계시해 주기 위해 나를 깨우는 것이었다.

그것은 질투가 섞이지 않은 풍요한 사랑이기에, 영혼에 해를 입히지 않는 천상적인 사랑인 것이다. 그것은 영혼을 자족 속에 멱 감기는 깊은 친화력이며, 혼을 박애로 가득 채우는 애정에 대한 뿌리 깊은 갈망이다. 혼을 뒤흔들지 않고서도 희망을 창조해서 지상을 천국으로, 그리하여 인생을 달콤하고 아름다운 꿈으로 바꿔놓는 한없는 부드러움인 것이다.

아침에 일어나 들판을 거닐 때면 자연의 일깨움 속에서 나는 '영원성'의 현현(顯現)을 보았으며, 해변에 앉아 있을 때면 철썩

이는 파도 소리 속에서 영원성의 노래를 들었다. 또한 거리를 걸을 때면 행인의 외양과 노동자들의 움직임 속에서 나는 삶의 아름다움과 인간성의 광채를 보았던 것이다.

하루하루 날들은 환영처럼 지나가고 구름처럼 사라졌다. 그리하여 조만간에 내겐 슬픔에 가득 찬 추억밖에는 아무것도 남지 않았다. 봄의 아름다움과 자연의 눈뜸을 보곤 하던 내 두 눈은 폭풍우의 광포와 겨울의 비참 이외는 아무것도 볼 수 없었다. 파도의 노래를 이전엔 기쁨에 차서 들었건만 이제금 내 귀는 오직 바람의 울부짖음과 절벽을 때리는 바다의 노성(怒 聲)만을 들을 수 있을 뿐이었다.

인류의 지칠 줄 모르는 활력과 우주의 광영을 행복스레 관망하던 내 혼은 이제금 낙담과 좌절을 맛보고 갈기갈기 찢겨져 버렸다. 저 사랑의 날들보다 더 아름다운 것은 아무것도 없었고, 저 슬픔의 끔찍한 밤들보다 더 비통한 것은 아무것도 없었다.

충동에 더 이상 저항할 수 없게 됐을 때 나는 주말에 다시 한번 셀마의 집으로 갔다.

'아름다움'이 건축해서 '사랑'이 축복을 내린 성소(聖所)로 — 그곳에서 영혼은 예배드리고 마음은 겸허하게 무릎 꿇고 기도드릴 수 있었거니.

정원에 들어섰을 때, 나는 이 세계로부터 날 끌어당겨 분쟁과 고난이 없는 초자연적인 영역에다 말없이 데려다놓는 어떤 힘을 느꼈다. 흡사 천상의 계시를 받아들이는 신비가인 양 나는 수목과 꽃들로 에워싸인 나 자신을 보았다.

그리하여 집 현관에 다다랐을 때, 나는 재스민나무 그늘 아래 놓인 벤치에 앉아 있는 셀마를 보았다.

신의 섭리가 나의 행복과 비애의 발단으로 택했었던 일주일 전 바로 그날 밤 우리 둘이 나란히 앉아 있었던 바로 그 자리에 앉아 있는 그녀를……

내가 다가가도 그녀는 꼼짝도 하지 않고 한마디 말도 없었다. 그녀는 내가 오고 있음을 직관적으로 알고 있는 듯했다. 그리고 내가 그녀 곁에 앉았을 때 한순간 나를 지그시 바라보더니 깊은 한숨을 쉬고선 고개를 돌려 하늘을 바라보았다.

이윽고 신비로운 침묵으로 꽉 찬 한순간이 지나자, 그녀는 내게로 고개를 돌려 떨리는 손으로 내 손을 붙잡고선 가냘픈 음성으로 말했다.

"날 좀 봐요, 내 친구. 내 얼굴을 들여다보고, 당신이 알고 싶지만 내가 얘기할 수는 없는 사실을 그 속에서 읽어요. 날 좀 보세요, 내 사랑……. 날 쳐다봐요, 내 형제."

나는 그녀를 뚫어지게 응시했다. 그리하여 며칠 전까지만 해도 입술처럼 미소를 짓고 나이팅게일의 날개처럼 파닥거리던 두 눈이 어느덧 움푹 들어가 슬픔과 고통으로 흐려져 있음을 나는 알았다.

그녀의 얼굴은 태양의 입맞춤을 받은 갓 피어난 백합 꽃잎과도 닮은 것이었건만, 이제금 시들어 핏기마저 사라져 버린 게 아닌가.

그녀의 감미로운 입술은 흡사 가을이 그 줄기에 남기고 간 두 개의 시든 꽃잎과도 같았다. 상아로 된 기둥 같았던 그녀의 목은 마치 그 머릿속에 담은 슬픔의 짐을 더 이상 떠받칠 수 없다는 듯이 앞으로 굽어 있었다.

이 모든 변화를 나는 셀마의 얼굴에서 보았던 것이다.

그러나 이 같은 변모는 내겐 흡사 달의 얼굴을 가리되 오히려 달을 더욱 아름답게 만드는 흘러가는 구름과도 같이 생각되었다. 마음속의 모진 시련을 드러내는 표정은 그것이 비록 아무리 엄청난 비극과 고통을 말하고 있다 할지라도 얼굴에 아름다움을 더해주는 법이다.

그러나 침묵 속에서 숨겨진 신비를 발하지 않는 얼굴이란 균형 잡힌 용모에도 불구하고 아름다운 것은 아니다. 포도주의 빛깔이 투명한 수정을 통해 비치지 않을진댄 술잔이 우리의 입술을 유혹할 순 없으리라.

그날 저녁 셀마는 삶의 비통함과 감미로움이 혼합된 성스러운 포도주로 가득 찬 술잔과도 같았다. 자기도 알지 못하는 사이에 그녀는 남편이라는 무거운 멍에를 목에 씌울 때까지는 양친의 집을 떠날 수 없고, 시어머니의 학대를 견디면서 노예처럼 살아야만 할 때까지는 사랑하는 어머니의 품을 떠날 수 없는 동방의 여인을 상징하고 있었다.

나는 줄곧 셀마를 바라봤다. 그리고 그녀의 의기소침한 영혼에 귀 기울이고 그녀와 더불어 괴로워했다. 마침내 시간이 정지하고 우주가 사라져 존재하지 않게 됨을 느꼈을 때까지.

나는 오로지 뚫어지게 나를 응시하는 그녀의 커다란 두 눈만을 볼 수 있었으며, 내 손을 꽉 쥐고 있는 그녀의 차고 떨리는 손만을 느낄 수 있었다.

셀마가 조용조용히 말하는 소리를 듣고서야 비로소 나는 실신 상태에서 깨어났다.

"이봐요, 내 사랑. 끔찍한 미래가 닥치기 전에 우리 그에 관해 의논 좀 해요. 우리 아버지는 내가 죽을 때까지 내 반려가 될 남자를 만나보려고 지금 막 그의 집으로 떠나셨답니다. 하느님이 나를 세상에 내보내기 위해 선택하신 우리 아버지는, 이제 속세의 남은 내 생애에서 내가 섬겨야 할 주인이 될 바로 그 남자를 만나실 테죠. 이 도시의 한가운데에서, 지금까지 날 보살펴주신 늙으신 아버님이 앞으로 내 생애의 반려가 될 남자를 만나러 가셨단 말이에요. 오늘 밤 양가에선 혼인 날짜를 정할 거예요. 얼마나 이상하고도 감명 깊은 시간일까요! 지난주 바로 이 시각에, 바로 이 재스민나무 아래서 사랑은 처음으로 내 영혼을 포옹했었죠. 운명은 주교의 저택에서 내 삶의 이야기의 첫마디를 기록하고 있었는데도……. 그래 지금은 우리 아버지와 내 구혼자가 결혼 날짜를 잡고 있는 동안, 나는 흡사 굶주린 뱀이 지키고 있는 샘 위를 퍼덕거리며 날고 있는 목마른 새처럼 당신의 영혼이 내 주위를 떨면서 빙빙 돌고 있는 걸

본답니다. 아아, 이 밤은 얼마나 위대한지요! 이 얼마나 깊은 신비일까요!"

이 말을 들으면서 나는 완전히 절망적인 어두운 그림자가 우리의 사랑을 거머잡아 요람기에서 그걸 질식시켜 버리려고 하는 걸 느꼈다.

그래서 나는 그녀에게 대답했다.

"그 새는 갈증 때문에 자멸하거나, 그렇지 않으면 뱀의 손아귀에 떨어져 그의 먹이가 될 때까지 샘물 위를 퍼덕거리며 떠나지 않을 것이오."

그녀가 대답했다.

"아녜요, 내 사랑. 이 나이팅게일은 끝까지 살아남아 노래해야 해요. 어둠이 올 때까지, 샘이 말라 버릴 때까지, 세계의 종말까지 영원토록! 그의 목소리는 침묵을 지켜선 안 되는 거예요. 왜냐하면 그 음성은 내 가슴에 생명을 소생시켜주기 때문이죠. 또한 그 날개는 절대로 부러져선 안 돼요. 그 날갯짓이야말로 내 가슴에서 구름을 거두어가 버리는 것이니까."

그 말에 내가 속삭였다.

"셀마, 내 사랑. 갈증은 그를 기진케 할 것이고, 공포는 기필코 그를 죽이고 말 거요."

떨리는 입술로 셀마는 내 말에 즉각 응답했다.

"영혼의 갈증은 물질세계의 포도주보다 더욱 감미롭고, 정신의 공포는 육신의 안전보다 훨씬 더 귀중한 것이에요. 하지만 들어봐요, 내 사랑. 주의 깊게 들어보세요. 오늘 나는 내가 전혀 알지 못하는 새로운 삶의 문턱에 서 있어요. 나는 넘어지지 않도록 그의 길을 더듬어가는 장님과 다를 게 없답니다. 우리 아버지의 부가 결국 나를 노예시장에 내놓았고, 바로 이 남자가 나를 산 거죠. 나는 그를 알지도 못하고 사랑하지도 않아요. 하지만 그를 사랑하고 그에게 순종하며 그를 섬기고 행복하게 해주는 걸 익히게 될 거예요. 나는 그에게 한 연약한 여인이 강한 남자에게 줄 수 있는 일체의 것을 주게 될 거예요.

하지만 내 사랑, 당신은 아직도 인생의 절정에 있어요. 당신은 꽃들로 뒤덮인 드넓은 길 위를 거리낌 없이 활보할 수 있잖아요. 당신은 자신의 가슴을 길을 밝혀주는 횃불로 삼아 이 세상 어느 곳이나 자유롭게 왕래할 수 있는 거예요. 당신은 자유롭게 생각하고, 말하고, 행동할 수 있어요. 당신은 이 삶의 얼굴에다 스스로의 이름을 기록할 수 있는 거예요. 왜냐하면 당신은 남자이기 때문이죠. 당신은 스스로의 지배자로 살아갈 수 있어요. 왜냐하면 당신 아버지의 재산이 매매를 위해 당신을 노예시장에 내놓지 않기 때문이죠. 당신은 스스로 선택한 여성과 결혼할 수 있고, 그녀가 당신 집에서 살기 이전에 당신 가슴속에 살게 할 수도 있어요. 또한 둘은 누구의 방해도 받지 않고 서로의 속마음을 털어놓을 수도 있는 거예요."

한순간 침묵이 지배했다.

셀마는 다시 말을 이었다.

"하지만 당신은 남성의 영광을 이룩하고, 나는 여성의 임무를 이행하도록 인생이 우리를 갈라놓는 것은 바로 지금인가요? 계곡이 그 깊은 곳에서 나이팅게일의 노래를 삼켜 버리고, 바람이 장미의 꽃잎들을 흩어 버리며, 발굽이 포도주 잔을 짓밟아 버리는 것은 바로 이것을 위해서인가요? 달빛을 받으며 우리들의 영혼이 결합되었던 재스민나무 곁에서 우리가 보낸 그 모든 밤들은 헛된 것이었단 말인가요? 별들을 향해 우리들은 우리 날개가 지칠 때까지 그리도 빨리 날아가지 않았던가요? 그래서 지금은 한없는 구렁 속으로 떨어지고 있다는 건가요? 혹은 사랑이 우리에게 왔을 땐 그가 잠들어 있었을까요? 그리하여 그가 잠이 깨자 노해서 우리를 벌주려고 작정한 것일까요? 그렇지도 않다면 한밤의 미풍을, 우리를 갈기갈기 찢어놓아 저 깊은 계곡 속으로 먼지처럼 흩날려 버리는 돌풍으로 변하게 만든 것은 바로 우리들의 영혼이란 말인가요? 우리는 어떤 명령에도 거역한 적이 없고, 금단의 과실을 맛본 적도 없건만 도대체 무엇이 우리를 이 낙원으로부터 몰아내는 거죠? 우리는 음모를 꾸미지도 않았고, 폭동을 일으키지도 않는데 무엇 때문에 지옥으로 떨어져야 한단 말인가요?

아니, 아니, 그렇지 않아요. 우리를 결합시킨 순간은 몇 세기보다 더욱 위대하고 우리의 영혼을 비추어주던 빛은 어둠보다 강한 것이에요. 설사 태풍이 우리를 이 거친 태양 위에서 떼어놓을지라도 파도는 고요한 해안에서 우리를 결합시켜줄 거예요. 비록 삶이 우리를 죽인다 해도 죽음은 우리를 결합시킬 거예요. 여인의 마음은 세월이나 계절과 더불어 변하는 것이 아니랍니다. 설사 심장이 영원히 죽는 수는 있어도 결코 소멸하는 것은 아니지요. 여인의 가슴은 전장(戰場)으로 바뀐 들판과도 같답니다. 그래서 나무는 뿌리째 뽑히고 풀들은 타 버리며 바위는 선혈로 붉게 물들어, 마침내 이 대지가 뼈와 해골의 무덤이 된 뒤에도 흡사 아무 일도 일어나지 않았던 것처럼 그 가슴은 고요하고 잠잠한 법이랍니다. 왜냐하면 봄과 가을이 차례로 찾아와서 저들의 작업을 다시 시작하기 때문이죠.

하지만 우린 — 내 사랑, 이제 우린 어떻게 해야 하나요? 우린 어떻게 헤어지며 언제 만날 수 있을까요? 사랑이란 저녁에 찾아왔다 아침에 떠나 버리는 한 사람의 나그네라고 우린 생각해야 할까요? 혹은 이 같은 애정은 잠잘 때 찾아왔다가 깨어나면 떠나가는 꿈이라고 여겨야 하는 걸까요?

우린 이 한 주일을 냉정에 의해 제정신이 들어야 할 도취의 시간이라고 생각해야 할까요? 제발, 고개를 들고 날 좀 보세요, 내 사랑. 부디 입을 열어 당신 목소리를 듣게 해줘요. 내게 말 좀 해봐요!

이 폭풍우가 우리 사랑의 배를 침몰시켜 버린 뒤에도 당신은 날 기억하겠어요? 밤의 침묵 속에 울리는 내 날개의 속삭임 소리를 당신은 들으시겠어요? 당신 위에서 나부끼는 내 영혼의 소리에 귀 기울여주겠어요? 당신은 내 한숨 소리를 들어주실 건가요? 당신은 내 그림자가 땅거미와 더불어 가까이 다가갔다 새벽노을과 함께 사라지는 걸 보게 될까요? 말해 줘요, 내 사랑. 내 눈엔 마술의 빛이 되고 내 귀엔 감미로운 노래가 되며 내 영혼엔 자유로운 날개가 되고 난 다음에, 당신이 무엇이 될 것인가를……. 대체 당신은 무엇이 될까요?"

이 같은 얘기를 듣는 동안 내 심장은 녹아내렸다.

내가 대답했다.

"당신이 바라는 대로 되겠소, 내 사랑."

그러자 그녀가 말했다.

"나는 당신이 자신의 슬픔에 가득 찬 생각을 사랑하는 시인과도 같이 나를 사랑해 주기를 원해요. 나는 당신이 여행자가 우물에서 물을 마실 때 그의 모습을 비춰주는 고요한 우물을 기억하듯이 날 기억해 줬으면 해요. 이 세상 빛을 보기도 전에 죽어 버린 자식을 기억하는 어머니처럼 당신은 날 기억해 주세요. 또한 특사령이 도착하기 전에 죽은 죄수를 기억하는 제왕처럼 날 기억해 주세요.

당신은 내 마음의 벗이 되었으면 해요. 그러니까 당신은 우리 아버지를 이따금 찾아보고, 아버지의 외로움을 달래주셔야 해요. 조만간에 나는 떠나고, 그러면 아버님껜 나는 남이 되고 말 테니까……."

나는 그녀에게 대답했다.

"당신이 말한 그 모든 걸 다 하겠소. 그리고 나는 내 영혼을 당신의 영혼이 담길 봉투로 만들고, 내 마음을 당신의 아름다움이 깃들 거처로, 내 가슴을 당신의 슬픔이 묻힐 무덤으로 만들겠소. 흡사 초원이 봄을 사랑하듯이 나는 당신을 사랑할 거요, 셀마.

햇볕을 쬐고 있는 꽃의 생명과도 같이 나는 당신 속에 살겠소. 계곡이 마을 교회의 종소리를 메아리로 다시 노래 부르는 것처럼 나는 당신의 이름을 노래할 거요. 또한 해안이 파도의 이야기에 귀 기울이는 것과 같이 나는 당신 영혼의 말을 귀 기울여 듣겠소. 이방인이 그의 사랑하는 조국을 기억하듯이, 또한 굶주린 사람이 잔치를 기억하듯, 왕위를 잃은 제왕이 지난날의 영광을 추억하듯, 그리고 죄수가 평안과 자유의 시간을 아쉬워하듯, 그렇게 나는 당신을 기억하리다. 씨 뿌리는 자가 타작마당에 쌓인 밀단을 기억하듯이, 또한 목자가 녹색 초원과 맑은 시내를 기억하는 것처럼 나는 당신을 기억할 거요."

셀마는 떨리는 가슴으로 내 말에 귀를 기울였다.

그리고 그녀는 말했다.

"내일이면 진실은 환영처럼 될 것이고, 잠깬 의식은 꿈처럼 변할 거예요. 사랑하는 사람이 그림자를 포옹해서 만족할 수 있으며, 목마른 사람이 꿈의 샘물에서 갈증을 끌 수 있을까요?"

나는 대답했다.

"내일이면 운명은 당신을 평화로운 가정의 한가운데로 데려다놓는 대신 나는 투쟁과 전투의 세계로 내던져질 테죠. 당신은 바로 당신이 지닌 아름다움과 미덕을 통해 최고의 행운아가 될 운명을 타고난 남자의 집에 있게 될 것이고, 한편 나는 고통과 공포의 삶을 살아가야 할 테죠. 당신은 삶의 문으로 들어갈 것인 데 반해 나는 죽음의 문으로 들어가게 될 거요. 당신은 환대 속에 맞아질 것이지만 나는 고독 속에 버려질 것이오.

하지만 나는 죽음의 계곡에다 사랑의 조상(彫像)을 세우고 거기에 예배드리리다. 오로지 사랑만이 내 유일한 위안이며 포도주인 양 나는 사랑을 마시고 옷처럼 내 몸에 걸치겠소. 새벽이면 사랑은 나를 잠에서 일깨워 먼 들판으로 데려갈 것이고, 한낮엔 나무 그늘로 나를 끌고 가 그곳에서 나는 새와 더불어 태양의 열기를 피해 숨을 곳을 찾아낼 거요. 그리고 저녁이면 낮의 밝음에 이별을 고하는 자연의 노래를 듣기 위해 사랑은 내게 일몰을 바라보며 쉬고 싶은 마음을 불러일으킬 테죠. 그리하여 하늘에 떠도는 구름의 환영을 내게 보여주겠지. 또한 밤이면 사랑은 나를 포옹해 줄 것이고 그래서 나는 여인들과 시인들의 영이 살고 있는 천상 세계를 꿈꾸며 잠들 수 있을 거요.

봄이 되면 나는 오랑캐꽃과 재스민꽃 가운데를 사랑과 더불어 나란히 거닐 것이고, 백합 꽃받침 속에 아직도 남아 있는 겨울의 물방울을 마시겠소. 그리고 여름이면 사랑과 나는 건초

더미를 베개 삼아 풀밭 위에 누울 것이고……. 그러면 푸른
하늘은 우리가 별과 달을 함께 쳐다볼 때 이불인 양 우리를
덮어줄 테죠. 또한 가을엔 포도밭에 나가 포도 짜는 기계 곁에
앉아서 그 황금빛 장식을 발가벗기는 포도덩굴들을 지켜보겠소.
그러면 철새 떼들은 우리들 머리 위를 멀리 날아가겠지. 그리하
여 이윽고 겨울이 오면 우리는 옛날이야기와 먼 나라의 역사를
이야기하면서 난롯가에 앉게 될 거요.

　내가 젊을 동안엔 사랑은 내 교사가 되어줄 것이고 중년엔
내 협조자, 그리고 노년엔 나의 기쁨이 될 것이오. 사랑은 —
내 사랑, 셀마. 내 생명이 다할 때까지 나와 더불어 있을 거요.
그리하여 죽음 뒤에는 하느님의 손길이 우리를 또다시 결합시켜
줄 거요.”

　이 모든 말들은 흡사 난로 속에서 사납게 튀어 올라 이윽고
한 줌의 재가 되어 사그라지는 불꽃과도 같이 내 가슴 저 깊은
곳에서 솟구쳤다.

　셀마는 마치 그녀의 두 눈이 눈물로 대답하는 입술인 양
흐느껴 울고 있었다.

　‘사랑’이 날개를 주지 않은 사람들은 저 슬프게도 행복한
시간에 셀마와 나의 영혼이 함께 살았던 마법의 세계를 보기
위해 유령들의 구름 너머로 날아갈 수가 없다.

　‘사랑’이 수행원으로 선택하지 않은 사람들은 ‘사랑’이 부를
때 정녕코 듣지 못한다.

이 이야기는 그러한 사람들을 위한 것은 아니다.

설사 저들이 이 한 페이지를 이해한다 해도 말의 옷을 걸치지 않고 종이 위에 살지 않는 그 어렴풋한 의미를 파악할 수는 없으리.

그러나 사랑의 잔에서 포도주를 마셔본 적도 없는 자는 대체 어떤 사람인가? 또한 길바닥이 남자와 여자의 가슴으로 포장되고 천장이 비밀한 꿈들의 천개(天蓋)로 뒤덮인 사원에서 불 밝힌 제단 앞에 경건하게 서본 적이 한 번도 없는 영혼이란 대체 어떤 것일까? 새벽이 그 잎사귀에 이슬방울을 떨어뜨리지 않는 꽃이란 대체 무엇이며 바다에 이르지도 못한 채 그 흐름을 잃어버린 시내란 대체 무엇일까?

셀마는 하늘을 향해 얼굴을 들고는 창공을 점점이 수놓고 있는 천상의 별들을 응시했다. 그녀는 두 손을 뻗쳤다. ― 두 눈을 커다랗게 뜨고 입술을 떨면서……

그녀의 창백한 얼굴에서 나는 슬픔과 억압, 절망과 고통의 징표를 볼 수 있었다.

이윽고 그녀가 울부짖었다.

"오, 주여! 이 몸이 당신의 마음을 상하게 한 것이 무엇인가요? 대체 제가 이런 벌을 받을 만큼 잘못한 게 무엇이란 말인가요? 무슨 죄로 인해 저는 끝없는 형벌을 받아야만 하나요? 오, 주여! 당신은 강하고 저는 연약하나이다. 어째서 당신은 저를 고통 속으로 내몰았나요? 저는 다만 위대하고 전능하신

이의 보좌 앞을 기어 다니는 한갓 보잘것없는 미물에 지나지 않는데도 어째서 당신은 이토록 저를 짓밟으시나요? 당신이 사나운 폭풍우라면 저는 한낱 먼지와 같은 존재입니다. 주여, 당신은 어째서 저를 차디찬 땅바닥에 내동댕이쳤나이까? 당신은 크고 위대하지만 저는 무력한 존재 — 그럼에도 무엇 때문에 당신은 저를 시험하고 있는 것입니까? 당신은 동정심이 많은 존재이고 저는 공손합니다. 그런데도 왜 당신은 저를 파괴하는 것입니까?

당신은 사랑으로 여인을 창조했나이다. 그럼에도 어째서 당신은 사랑으로 저를 멸망시키는 것입니까? 당신은 왜 오른손으로 저를 들어 올리시고 왼손으로 저를 심연 속에다 내던져 버리나이까. 저는 그 까닭을 알지 못합니다. 당신은 제 입술에 생명의 입김을 불어넣고선 가슴에는 죽음의 씨를 뿌리나이다. 당신은 제게 행복의 길을 보여주고선 비참의 길로 인도하나이다. 당신은 제 입술에 행복의 노래를 심어주고는, 그런 다음 슬픔으로 그 입을 닫게 하고 고통의 족쇄를 채우나이다. 당신은 제 상처에 옷을 입힌 신비한 손가락으로 이제 고통의 공포를 안겨주고 있나이다. 당신은 제 침상에 기쁨과 평화를 숨겨놓고, 바로 그 곁에다 장애물과 공포를 세우나이다. 당신의 뜻대로 저에게 사랑의 기쁨을 알게 하고, 이제는 그 사랑을 수치스럽게 만드나이다. 당신은 저에게 새로운 아름다움을 일깨워주었지만, 아름다움에 대한 저의 사랑은 끔찍한 갈망으로 변했나이다.

당신은 저로 하여금 죽음의 잔 속에서 삶을 마시고 삶의 잔 속에선 죽음을 마시게 하나이다. 당신은 눈물로써 저를 정화시키지만, 제 삶은 눈물 속에서 흘러가 버리나이다.

오, 주여! 당신은 사랑으로 제 눈을 뜨게 했지만 사랑으로 눈멀게 했나이다. 당신은 제게 입술로 입맞춰주고선 당신의 억센 팔로 저를 내리쳤나이다. 당신은 제 가슴속에다 백장미를 심어주었지만 주변엔 가시 울타리를 쳤나이다. 당신은 제가 사랑하는 사람의 영혼을 제 마음속에 묶어주었지만, 제 남은 인생을 사랑하지도 않는 남자의 육체와 결합시켰나이다. 그러니 주여, 이토록 처절한 싸움에서 견딜 수 있도록 저를 도와주시고 죽는 날까지 제가 진실하고 고결한 삶을 살 수 있도록 제게 힘을 베풀어주소서. 그대의 뜻이 이루어지이다. 오, 주여."

침묵이 계속되었다. 셀마는 고개를 떨어뜨렸다. 창백하고 처연한 모습으로……

그녀의 팔은 내려졌고 그녀의 머리는 숙여졌다. 그리고 그 모습은 내겐 흡사 폭풍우에 꺾이어 땅 위에 내던져진 고사 직전의 나뭇가지처럼 보였다.

나는 그녀의 차디찬 손을 붙들고 거기다 입 맞추었다. 그러나 내가 그녀를 위로하고자 했을 때 기실 그녀보다도 더 위로를 필요로 하는 사람은 바로 나 자신이었던 것이다.

나는 침묵을 지켰다. 우리들의 맹세를 생각하며, 심장의 고동 소리에 귀 기울인 채……. 우리는 둘 다 더 이상 아무 말이 없었다.

극도의 고통은 어떤 소리도 내지 않는 법이다. 그래서 우리는 넋이 빠진 채 흡사 지진으로 인해 모래 밑에 파묻혀 버린 대리석 기둥처럼 말없이 앉아 있었다.

우리들 가슴은 약하디 약한 실오라기와도 같아서 숨소리만 내도 끊어져 버릴 지경이었다. 그러므로 우리는 상대방의 말을 듣는 것조차 두려워하고 있었던 것이다.

한밤중이었고, 순닌 산 너머에는 초승달이 떠 있었다. 그것은 별무리 한가운데에서 마치 희미한 촛불 빛에 둘러싸여 관 속에 누워 있는 시체의 얼굴과도 같아 보였다.

그리고 레바논의 모든 마을은 흡사 어둠을 지켜보며 새벽을 고대하는 불면증에 걸린 노인처럼, 혹은 폐허가 된 왕궁에서 잿더미로 화한 옥좌에 앉아 있는 제왕처럼 초라하게 보이는 것이었다.

산과 나무와 강은 시간과 계절의 순환과 더불어 그 모습을 바꾼다. 마치 인간이 그의 경험과 감정에 따라 변모하는 것처럼……

대낮엔 제법 위엄을 과시하던 키 큰 포플러도 저녁이면 연기 기둥처럼 음산하게 보이리라. 낮에는 난공불락으로 버티고 있는 거대한 바위도 밤이면 대지를 침상으로 삼고 하늘을 이불로 삼는 비참한 거지처럼 처량하게 보이리라. 그리고 아침에는 영원을 찬미하듯 흘러가던 시냇물 소리도 저녁이면 자식을 잃은 어머니의 눈물 젖은 울부짖음으로 변하리라.

그리고 레바논의 달도 마찬가지였다. 우리들의 영혼이 행복했던 한 주일 전에는 만월이었고 위엄에 가득 차 있었다. 그러나 이날 밤에 떠오른 초승달은 사무치게 외로운 빛을 띠고 있었다.

우리는 일어나 작별 인사를 나누었다. 그러나 사랑과 절망은 두 개의 유령인 양 우리 사이에 버티고 서 있었다. 그리하여 그중 하나의 날개 달린 손길이 우리들의 목을 어루만졌을 때, 한편으론 울음이 나오고 한편으론 소름끼치는 웃음이 터져 나오는 것이었다.

내가 셀마의 손을 잡고 그 위에 내 입술을 대자, 그녀는 내게 가까이 다가와서 내 이마에 입을 맞췄다. 그러고 나서는 나무 벤치에 쓰러지듯 몸을 던졌다. 그리고 눈을 감고서 부드럽게 속삭였다.

"오, 주여! 부디 제게 자비를 베푸셔서 제 부러진 날개를 치유해 주소서!"

셀마를 정원에 홀로 두고 떠나왔을 때, 나는 내 모든 감각이 흡사 안개로 뒤덮인 호수처럼 흐릿해지는 것을 느꼈다.

깊은 고요 속에 잠긴 수목과 달빛의 아름다움 ― 그 순간 나를 둘러싼 이 모든 것이 추하고 소름끼치는 모습으로 비쳐졌다. 우주의 아름다움과 경이를 내게 보여줬던 진정한 빛은 내 가슴을 태우는 격렬한 불꽃으로 뒤바뀌었다.

그리하여 나를 충분히 매료시켰던 '영원'의 음악이 이젠 사자의 포효보다도 더욱 끔찍한 아우성이 되고 만 것이었다.

얼마 후 집으로 돌아온 나는 사냥꾼의 총탄에 맞아 상처 입은 새처럼 침대 위에 쓰러졌다. 입으로는 셀마가 하던 말이 주문처럼 흘러나왔다.

"오, 주여! 저를 불쌍히 여기시어 제 부러진 날개를 낫게 해주소서!"

7 죽음의 얼굴

　오늘날의 결혼은 대개 남자들과 부모들에 의해서 연출되는 하나의 웃음거리에 불과하다. 결혼문제로 의견 차이가 빚어진다면, 대부분의 경우 아들이 이기고 부모가 진다.

　여자는 마치 상품처럼 전시되었다가 구매자가 나타나면 반항조차 못 해보고 다른 집으로 배달되는 것이다. 그리하여 조만간에 그녀의 아름다움은 시들고, 그녀는 흡사 어두운 구석에 놓여진 가구처럼 낡아갈 뿐이다.

　현대 문명은 여성을 점차 지혜롭게 만들었지만, 그와 더불어 고통도 배가 되었다. 이 모든 것이 남자들의 그칠 줄 모르는 탐욕 때문이다.

　그래도 과거의 여성은 가정에선 행복한 아내였으나 오늘날에는 하녀처럼 가련한 처지가 되었다. 지난날에는 눈먼 장님처럼 불빛 속을 걸었지만 이제는 눈을 뜨고도 어둠 속을 걷는 것이다. 무지는 차라리 여성을 아름답게 지켜주었고, 그만큼 단순하기 때문에 정숙하게 살아갈 수도 있었다. 또한 여성은 나약한 존재였기 때문에 스스로를 강하게 단련시켰다. 여성들은 그가 가진 지식으로 인해 오히려 경박하고 추해졌다. 여성에게서 아름다움과 지성, 재능과 미덕, 그리고 허약한 육신과 강건한 정신이 공존하게 될 날은 도대체 언제인가?

나는 정신의 진보는 모름지기 인간생활의 한 법칙이지만, 완성에 도달하는 것은 느리고 고통스러운 것이라고 믿는 사람들 가운데 하나이다.

만약에 한 여성이 어떤 면에서 스스로를 향상시키면 다른 면에선 부진해질 수도 있다. 그것은 산 정상에 오르기 위해선 곳곳에서 도적들과 이리들의 소굴을 지나쳐야 하는 것과 마찬가지 이치이다.

이 이상야릇한 세대는 눈먼 시간과 눈뜬 시간 사이에 존재하고 있다. 그것은 그 손에 과거의 토양과 미래의 씨앗을 들고 있는 것이다. 어쨌든 우리는 도처에서 미래를 상징하는 여성을 발견하게 된다.

베이루트 시에서 셀마 카라미는 미래 여성의 상징이었다. 그러나 자기 시대를 앞질러 살아간 많은 여성들처럼 그녀도 현실의 희생양이 되었다. 그리하여 흡사 줄기로부터 잡아채어져 강물의 휩쓸림에 떠내려가는 한 송이 꽃과도 같이 그녀는 패배자의 비참한 행로를 따라 걸어갔던 것이다.

만수르 베이 갈리브와 셀마는 결혼해서 라스 베이루트 거리의 아름다운 집에서 함께 살게 되었다. 이곳은 레바논의 부유하고 신분 높은 사람들이 거주하는 지역이었다.

패리스 에판디 카라미는 마치 양 떼들에 에워싸인 목자처럼 정원과 과수원이 딸린 자신의 대저택에 홀로 남겨졌다.

결혼식의 들뜬 분위기 속에서 첫날밤을 보낸 뒤 그들은 신혼여행을 떠났다. 그러나 밀월여행은 비통한 슬픔의 시간을 추억으로 남겼다. 마치 전쟁이 휩쓸고 간 자리엔 해골과 시체 더미가 남는 것처럼.

결혼이라는 의식이 갖고 있는 위엄은 젊은 남녀의 가슴에 생기를 불어넣어주지만, 그것이 영원히 이어지는 것은 아니다. 때로는 그것이 맷돌처럼 그들을 바다 밑바닥으로 떨어뜨릴지도 모른다. 그러므로 결혼식 날의 들뜬 기분은 파도에 휩쓸려가기 전까지만 남아 있는 모래 위의 발자국과도 같은 것이다.

그리하여 봄날은 갔다. 여름과 가을도 역시 그렇게 가 버렸다. 하지만 셀마에 대한 나의 사랑은 계절이 바뀔수록 더욱더 커져 갈 뿐이었다. 그녀는 나에게 말 없는 숭배의 대상이었다. 나는 고아가 세상을 떠난 어머니를 그리워하듯 그녀를 갈구했다.

그녀를 향한 동경은 맹목적인 슬픔으로 뒤바뀌었고, 눈물이 넘치도록 뜨거운 정열은 내 가슴의 피를 솟구치게 만드는 당혹감으로 변해 버렸다.

또한 나의 애정 어린 탄식은 셀마와 그녀 남편의 행복과 그녀 부친인 패리스 에판디의 평화를 갈구하는 끊임없는 기도가 되었던 것이다.

그러나 나의 희망과 기도는 헛된 것이었다. 셀마는 결혼으로 인해 오로지 죽음만이 치유할 수 있는 마음의 병을 앓게 되었던 것이다.

만수르 베이는 생활의 온갖 호사에 길들여진 사람이었다. 하지만 그럼에도 불구하고 그는 만족할 줄 모르는 탐욕의 화신이었다. 셀마와 결혼한 후 그는 그녀의 아버지를 고독 속에 버려두었을 뿐만 아니라, 오히려 이 노인이 남기고 갈 재산을 자기가 하루빨리 차지하고 싶은 욕심으로 그의 죽음을 빌어 마지않았다.

만수르 베이의 성품은 그 삼촌과 영락없이 닮은꼴이었다. 다만 둘 사이의 유일한 차이란 주교가 그의 성복(聖服)과 가슴에 단 황금 십자가의 비호 아래서 자기가 원하는 온갖 것을 은밀히 손에 넣는 데 반해, 그의 조카는 만사를 공개적으로 행한다는 점이었다.

주교는 아침엔 교회에 가고 하루의 나머지 시간은 과부와 고아며 그 밖에 순진한 사람들을 착취하는 데 충당했다. 그러나 만수르 베이는 오로지 성적 만족을 추구하는 것에 모든 시간을 바치고 있었다.

일요일이면 뷸로스 갈리브 주교는 순진한 성도들에게 복음을 설전했다. 그러나 평일에는 온갖 정치적 음모를 짜내느라, 그는 자신이 설교한 내용을 실천한 적이 단 한 번도 없었다.

만수르 베이는 이 같은 삼촌의 명성과 세력을 이용해서 뇌물을 듬뿍 갖다 바칠 수 있는 사람들에게 정치적 요직을 보장해 주는 것을 업으로 삼고 있었다.

뷸로스 주교가 밤의 장막 아래 자신을 감추는 도적이었다면 그의 조카 만수르 베이는 대낮에 뻔뻔스레 걸어 다니는 사기꾼이었다. 그러나 유감스럽게도 불행한 나라의 어리석은 시민들은 이런 위인들을 전혀 의심 없이 받아들이는 것이다. ─ 탐욕으로써 저들 국가를 멸망시키고 억압으로써 저들의 이웃을 짓밟는 이리떼 같은 백정의 무리를.

어째서 나는 사랑을 잃어버린 한 여인의 불행한 이야기를 위해 이 모든 지면을 유보하는 대신 가난한 국가의 반역자들에 관한 말로써 이 페이지들을 채우고 있는가? 무엇 때문에 나는 죽음의 이빨에 의해 생명을 강탈당한 한 연약한 여인을 추억하기 위해 내 모든 눈물을 삼키는 대신 억압당한 사람들을 위해 눈물을 흘리는 것일까?

하지만 친애하는 나의 독자들이여, 이 같은 여인은 성직자들과 통치자들에게 억압받고 있는 국가와 같은 것이라고 그대들은 생각지 않는가? 한 여인을 죽음으로 몰고 간 사랑의 좌절은 인간의 영혼을 침식하고 있는 절망과도 같은 것이 아니겠는가? 여성의 운명과 국가의 관계는 마치 램프와 불빛의 관계와도 같다. 만약에 등잔의 기름이 떨어져 간다면 불빛도 희미해질 수밖에 없지 않은가?

가을은 지나갔다. 그리하여 바람은 겨울을 위한 길을 닦으면서 나무에서 낙엽을 휩쓸어가니 바야흐로 겨울은 윙윙거리고 울부짖으며 다가오고 있었다.

나는 내 자신의 꿈 이외엔 한 사람의 벗도 없이 여전히 베이루트 시에 살고 있었다. 그리고 이 꿈은 내 영혼을 하늘까지 추켜올렸다간 이윽고 대지의 가슴 깊숙이 파묻어 버리는 것이었다.

슬픔에 잠긴 영혼은 고독 속에서 위안을 발견하는 법이다. 마치 상처 입은 사슴이 무리들을 떠나 상처가 낫거나 혹은 죽게 될 때까지 동굴 속에서 살듯이 슬픔은 사람들을 꺼리는 것이다.

어느 날 나는 패리스 에판디가 앓는다는 소식을 들었다. 나는 참으로 오랜만에 쓸쓸한 내 거처를 떠나 그의 집으로 갔다. 덜거덕거리는 마차 바퀴 소리가 나는 큰길을 피해 올리브 나무들 사이로 난 오솔길인 샛길을 택했다.

패리스 에판디의 집에 도착하자, 나는 곧장 안으로 들어가서 허약한 모습으로 침대에 누워 있는 그를 발견했다.

그의 두 눈은 움푹 들어가 흡사 고통의 유령들이 출몰하는 계곡처럼 깊고 어두운 그늘이 드리워져 있었다. 언제나 그의 얼굴에 활기를 띠게 해주던 그 미소는 고통과 번민 때문에 죽어 버렸고, 그 부드러운 손의 뼈는 폭풍우 앞에서 떨고 있는 헐벗은 나뭇가지처럼 앙상한 마디를 드러내고 있었다.

내가 다가가서 건강 상태를 묻자, 그는 창백한 얼굴을 내게로 돌리며 떨리는 입술 위에 희미하게 미소를 띠면서 가냘픈 목소리로 말했다.

"가보게, 내 아들아. 옆방으로 가서 셸마를 위로해 주게. 그리고 그 애를 데리고 와서 내 침대 곁에다 앉혀주게나."

나는 옆방으로 들어갔다. 그리고 나는 두 팔로 머리를 감싸 쥐고 자신의 울음소리를 부친이 듣지 못하도록 베개에 얼굴을 파묻은 채 소파에 엎드려 있는 셸마를 발견했다.

나는 천천히 다가가면서 속삭임이라기보다는 차라리 한숨에 가까운 목소리로 그녀의 이름을 불렀다.

그녀는 마치 끔찍한 꿈을 꾸다 깨어난 것처럼 두려움에 찬 몸짓을 했다. 그러고는 내가 유령인지 아니면 살아 있는 인간인지를 의심하면서 흐릿한 눈으로 나를 바라보았다.

그리하여 우리가 맨 처음 저 사랑의 포도주에 취했던 때처럼 깊은 침묵의 시간이 흘렀다. 이윽고 추억의 날개를 타고 시간을 거슬러 올라갔던 셸마는 다시 현실로 되돌아왔다.

그녀는 돌연 눈물을 닦으며 이렇게 말하는 것이었다.

"보세요, 시간이 우리를 얼마나 변하게 했는지를! 시간이 우리 삶의 진로를 어떻게 바꾸어놓았고, 얼마나 황폐한 모습으로 타락시켰는지를 좀 보세요. 이곳에서 봄은 우리를 사랑으로 결합시켰고, 바로 이곳에서 우리는 죽음의 계곡으로 밀려났어요. 봄은 그토록 아름다웠건만 이 겨울은 왜 이토록 혹독한지요!"

이렇게 말하면서 그녀는 마치 눈앞에 악령이 버티고 서 있기라
도 한 듯 또다시 두 손으로 얼굴을 감쌌다.

나는 그녀의 머리에 손을 얹으며 말했다.

"이리 와요, 셀마. 자, 우리, 폭풍우 앞에서도 꿋꿋이 서
있는 탑처럼 강해집시다. 우리, 적의 총칼 앞에서도 겁내지
않는 용감한 병사처럼 됩시다. 우리는 죽더라도 사랑의 순교자
처럼 죽을 것이며, 만약에 승리한다면 영웅처럼 살 거요. 장벽과
고난에 용감하게 맞서는 것은 평온함을 구걸하는 것보다 고귀
한 거요. 죽음을 불사하고 등잔불 밑으로 날아드는 나비가
컴컴한 굴속에서 목숨을 부지하는 두더지보다 훨씬 고결하다
오. 자, 셀마! 우리가 바위와 가시덤불 가운데를 걷더라도 해골
과 뱀 따위를 겁내지 맙시다. 오직 태양을 향해 우리 눈을
붙박아두고 이 험난한 바위투성이 길을 꿋꿋이 걸어갑시다.
만약에 우리가 두려움에 떨며 길 한가운데에 멈춰 선다면 오직
조롱 속에서 밤을 맞이하게 될 거요. 하지만 우리가 용감하게
산의 정상에까지 도달한다면 우리는 승리와 환희의 노래 속에
서 천상의 영혼들과 합류할 거요.

기운을 내요, 셀마. 눈물을 닦아내고 당신 얼굴에서 슬픔을
거둬 버려요. 자, 일어나요. 그리고 당신 부친의 침상으로 갑시다.
당신의 미소는 그분을 생명을 구하는 오직 하나의 치유법이
아니겠소?"

부드럽게, 애정이 담뿍 어린 시선으로 그녀는 나를 바라보며 입을 열었다.

"어쩌면 당신은 내게 인내를 요구하시나요? 정작 인내를 필요로 하는 사람은 당신 자신이 아닌가요? 굶주린 사람이 다른 허기진 사람에게 자기 빵을 내줄 수 있을까요? 혹은 병든 자가 자신을 위해서 반드시 필요한 약을 다른 병자에게 줄 수 있을까요?"

그녀는 고개를 앞으로 다소곳이 숙인 채 일어섰다. 그리고 우리는 함께 노인의 방으로 가서 그의 침상 곁에 앉았다.

셀마는 억지로 미소를 지어 보였다. 그러자 노인은 한결 기분이 좋아졌으며 원기를 많이 회복하고 있다는 것을 딸에게 믿게 하느라고 애를 썼다. 그러나 아버지와 딸은 둘 다 서로의 슬픔을 눈치채고 있었으며 서로가 상대방의 소리 없는 한숨을 듣고 있었다. 그들은 말없이 서로를 마모시키는 두 개의 대등한 힘과 같았다. 노인의 심장은 딸의 처지를 애석해하며 녹아내리고 있었다. 그들은 사랑과 죽음으로 서로를 포옹하면서 한편으로는 이승을 하직하고 싶어하고 또 한편으로는 비탄으로 번민하는 두 개의 순수한 영혼이었다.

그리고 나는 자신의 흐트러진 가슴을 안고 이 둘 사이에 끼어 있었다. 우리는 운명의 손길에 의해 뭉쳤다가 으스러진 세 사람이었다. 즉 홍수로 인해 폐허가 된 집과 같은 노인과 날이 선 날카로운 낫에 의해 목이 잘려진 백합의 상징인 젊은 여인, 그리고 폭설에 의해 휘어진 연약한 어린 나무였던 나 자신이 바로 그랬으니, 우리 셋은 모두 운명의 손에 들린 장난감에 불과했던 것이다.

패리스 에판디는 천천히 몸을 움직여 힘없는 손을 셀마에게로 뻗치더니, 자애롭고 부드러운 목소리로 말했다.

"내 손을 잡으렴, 얘야."

셀마가 그의 손을 잡자, 그가 말했다.

"나는 충분히 오래 살았다. 게다가 이 삶의 계절의 온갖 과일을 양껏 맛보았다. 나는 태연하게 인생의 모든 국면을 경험했다. 나는 네가 세 살 때 네 엄마를 잃었다. 그리고 그녀는 값진 보물처럼 널 내 무릎에 남겨두고 갔다. 나는 네가 자라는 걸 지켜보았다. 그리고 네 얼굴은 마치 고요한 웅덩이에 비치는 별처럼 그렇게도 네 엄마의 모습을 닮아갔단다. 네 성격이며 지성, 그리고 네 아름다움은 바로 네 엄마의 것이었지. 말하는 태도나 몸짓마저도 아주 쏙 뺐으니까. 네 언행 일체가 바로 네 어머니의 분신과도 같았기에, 너는 이 세상에 남은 내 유일한 위안이었던 거야.

이제 나는 늙었고, 내 유일한 휴식처는 죽음의 부드러운 날개 사이가 아니겠니. 마음을 즐겁게 가지렴, 내 사랑하는 딸. 나는 네가 의젓한 여인이 된 것을 볼 만큼 오래 살았으니 말이다. 부디 행복해라. 죽은 후에도 나는 너와 함께 있단다. 내가 오늘 떠나는 것은 내일 또는 그 후에 떠나는 것과 다를 바 없느니라. 결국 우리의 일생이란 가을날 낙엽과도 같이 사라지기 마련이니까. 내 죽음의 시각은 서둘러 다가오고 있어. 그리고 내 영혼은 네 어머니의 영혼과 결합되기를 갈망하고 있단다."

이처럼 그가 부드럽고 자애롭게 말하고 있을 때 그의 얼굴은 환히 빛났다.

잠시 후 그는 베개 밑에 손을 넣어 금테두리를 한 자그마한 사진 한 장을 끄집어냈다. 그 작은 사진에 눈을 주며 그가 말했다.

"자, 셀마야, 이리 와서 이 사진 속의 네 어미를 보려무나."

셀마는 눈물을 닦고 사진을 오랫동안 바라본 뒤에 몇 번이고 거기다 입을 맞췄다. 그러고 나서 그녀는 울음을 터뜨렸다.

"아아, 사랑하는 어머니! 아, 어머니!"

그러더니 그녀는 마치 자기 영혼을 사진 속에 쏟아 붓고 싶다는 듯이 떨리는 입술을 그 위에 댔다.

인간의 입술 위에 떠오르는 가장 아름다운 말은 '어머니'라는 말이다. 또한 가장 아름다운 부름은 '나의 어머니'라고 부르는 소리이다. 그것은 희망과 사랑에 충만한 말이며, 가슴 밑바닥에서 솟아오르는 감미롭고도 다정스러운 말이다.

어머니는 모든 것 — 슬플 때의 위안이요, 불행할 때의 희망이며, 약할 때의 힘인 것이다. 어머니는 사랑과 자비와 동정과 용서의 원천이다. 그러므로 어머니를 잃은 사람은 끊임없이 그를 지켜주고 축복해 주는 지순한 영혼을 잃은 것이다.

자연 속의 모든 것은 하나같이 어머니란 존재를 현현(顯現)하고 있다. 태양은 대지의 어머니로서 열의 영양을 대지에게 준다. 그리하여 태양은 바다의 노래와 새들과 시냇물의 송가(頌歌)로 대지를 잠재울 때까지 밤에도 정녕코 우주를 버려두지 않는다. 또한 대지는 수목과 꽃들의 어머니이다. 대지는 그들을 낳고 그들에게 젖을 먹이고 다음엔 그들에게서 젖을 뗀다. 그리하여 수목과 꽃들은 저들의 위대한 열매와 씨앗들의 다정한 어머니가 된다. 따라서 모든 생존의 원형인 어머니는 아름다움과 사랑으로 가득 찬 영원한 정신인 것이다.

셀마 카라미는 아주 어렸을 때 어머니가 돌아가셨기 때문에 어머니에 대한 기억이 전혀 없었다. 그럼에도 셀마는 어머니의 사진을 봤을 때 울부짖었다. '아, 어머니!'라고.

이와 같이 어머니란 말은 우리의 가슴속에 숨어 있는 것이다. 그리하여 흡사 향기가 장미의 심부(深部)에서 솟아나와 맑고 흐린 대기와 뒤섞이듯이, 어머니라는 이 한 마디는 슬플 때나 행복할 때나 자연스럽게 우리의 입가에 맴도는 것이다.

셀마는 어머니의 사진을 빤히 들여다봤다. 그리고는 쉴 새 없이 그 위에 키스를 퍼부었다. 그러다가 마침내 그녀는 부친의 침상 위로 쓰러지고 말았다.

노인은 두 손을 딸의 머리 위에 얹으며 그녀에게 말했다.

"나는 종이 위에 찍힌 네 어머니의 사진을 네게 보여줬다.

얘야, 내 말을 들어봐라. 이제부터 네 어머니에 관해서 이야기해주마."

그녀는 어미 새의 날개 소리를 들은 둥지 속의 어린 새처럼 고개를 치켜들고 간곡하게 그를 쳐다봤다.

패리스 에판디는 계속해서 말했다.

"네 어머니는 널 낳은 지 얼마 안 되었을 때 부친을 여의었다. 부친을 잃은 슬픔이야 이루 말할 수 없었지만, 그러나 네 어머니는 현명하고 인내심이 강했지. 그녀는 장례식이 끝나자마자 바로 이 방에서 내 곁에 앉아 내 손을 잡고는 말했단다. '여보, 이제 아버지는 돌아가셨어요. 당신만이 이 세상에 남은 제 유일한 위안이에요. 가슴속 애정은 마치 삼나무 가지처럼 갈라져 있어요. 그래서 만약에 나무가 튼튼한 가지 하나를 잃는다면 고통을 받게 될 테지만 그렇다고 죽지는 않아요. 그 나무는 자기의 모든 생명력을 송두리째 다음 가지에다 쏟아 부을 거예요. 그 가지가 자라나선 빈자리를 채울 수 있도록 말이에요.' 이것이 바로 네 어머니가 부친과 사별한 뒤 내게 했던 말이란다. 그러니까 얘야, 죽음이 내 육체를 그 안식처로 데려가고 내 영혼을 하느님의 손길에 맡길 때 너 또한 그런 마음가짐을 갖도록 하렴."

셀마는 눈물을 흘리면서 목멘 소리로 그에게 대답했다.

"어머님께서 부친을 잃었을 때는 아버님께서 그 자리를 대신하셨어요. 하지만 아버님이 돌아가신다면 누가 아버님을 대신

하겠어요? 어머니는 다정하고 진실한 남편의 보살핌을 받았고, 어린 딸에게서 위안을 얻으셨어요. 그런데 아버님이 떠나 버리시면 대체 누가 절 위로해 줄까요? 아버님은 저의 아버지이자 어머니였으며, 제 젊은 날의 유일한 벗이었는데……."

이 말을 하면서 셀마는 고개를 돌려 나를 바라봤다. 그리고는 내 옷깃을 부여잡고 울먹이는 목소리로 탄식하듯 덧붙였다.

"이 사람이 바로 아버님이 돌아가신 후에도 제게 남은 유일한 친구예요. 하지만 그 자신도 비탄에 잠겨 있는데 그가 절 위로할 수 있을까요? 상처 입은 영혼이 어떻게 낙담한 사람의 영혼 속에서 위안을 발견할 수 있을까요? 슬픔에 잠긴 사람은 그 이웃의 슬픔에 의해 위안 받을 수 없고, 새는 부러진 날개로는 날 수 없어요. 그는 제 영혼의 벗이지만 저는 이미 그에게 슬픔의 무거운 짐을 지웠고, 제 눈물로 그의 눈을 흐리게 해서 결국 그는 암흑밖에 볼 수 없게 됐답니다. 그는 제가 진정으로 사랑하는 형제예요. 하지만 그는 제 모든 슬픔을 나누어 갖는 모든 형제와도 같아요. 그래서 오히려 저를 더욱 비통하게 만들고, 제 가슴을 갈기갈기 찢어놓을 뿐인걸요."

셀마의 말은 내 가슴을 찔렀다. 나는 더 이상 견딜 수 없을 만큼 아팠다. 노인은 바람 앞의 등불처럼 떨면서 그녀의 말에 귀를 기울였다. 이윽고 그는 딸에게 손을 뻗치며 말했다.

"부디 내가 편히 떠나도록 해주렴, 애야. 나는 내가 갇힌 이 새장의 창살을 부러뜨렸어. 그러니 내가 날아가는 걸 막지 말아 다오. 네 엄마가 날 부르고 있지 않느냐. 하늘은 맑고 바다는 고요하고 배는 출항할 준비가 되어 있다. 그러니 부디 항해를 지연시키지 말거라. 휴식을 취하고 있는 자들과 더불어 내 육신을 쉬게 해주렴. 내 꿈이 끝나고 내 혼이 새벽과 함께 깨어나게 해주렴. 네 영혼이 내 영혼을 포옹하고, 희망의 입맞춤을 내게 해 다오. 꽃과 풀들이 저들의 양식을 거부하지 않도록 내 몸에 어떠한 슬픔이나 비통의 물방울도 떨어뜨리지 말아 다오. 내 손등에 불행의 눈물일랑 떨어뜨리지 말아 다오. 그것들이 내 무덤 위에 가시 돋친 식물을 자라게 할지도 모르니까. 내 이마 위에 번민의 주름일랑 긋게 하지 말려무나. 바람이 지나다 그 주름살을 읽고서 내 뼛가루를 푸른 초원으로 날라주는 걸 거절할지도 모르니까. ……애야, 살아 있는 동안 나는 널 사랑했다. 또한 죽어서도 나는 널 사랑할 것이고, 내 영혼은 항상 너를 지켜보고 널 보호할 게다."

그런 다음 패리스 에판디는 반쯤 눈을 감은 채 나를 보면서 말했다.

"내 아들아, 네 부친께서 내게 했던 것과 같이 셀마에게도 참된 형제가 되어주렴. 필요할 때 이 애의 도움이 되고 친구가 되어주게. 그리고 내가 죽은 뒤에도 이 애가 제발 슬픔의 눈물을 흘리지 않도록 해주게. 죽은 자에 대한 애도는 잘못된 것이니까 말일세. 이 애가 슬픔을 잊을 수 있도록 즐거운 이야기를 되풀이해서 들려주고, 이 애를 위해 삶의 노래를 불러주게. 그리고 자네 부친께 내 안부를 전해 주게. 우리들의 젊은 시절 얘기를 들려달라고 하게. 또한 내가 내 생애의 마지막 시간에 그 아들을 만났고, 또한 그 모습을 보면서 더욱 그를 사랑했었다는 말을 부디 잊지 말고 전해 주게나."

잠시 무거운 침묵이 내려앉았다. 그리고 나는 노인의 얼굴 위에 죽음의 창백한 그림자가 어리는 걸 볼 수 있었다. 그는 가까스로 눈꺼풀을 치뜨면서 간신히 말을 이었다.

"절대로 의사는 부르지 말거라. 행여 약의 힘으로 그가 이 감옥에서의 내 판결을 늦출까 두렵구나. 노예의 날들은 지나갔다. 그래서 내 영혼은 하늘의 자유를 갈망하고 있어. 내 곁에 사제도 부르지 말거라. 만약에 내가 죄인이었다면 그가 기도한들 날 구하진 못할 것이고, 또 설사 내가 죄가 없다고 해도 그가 날 곧바로 천국으로 인도하진 않을 테니까. 인간의 의지는 신의 의지를 변경할 수 없단다. 점성가가 별의 진로를 바꿀 수 없는 것처럼 말이야. 하지만 내가 죽은 뒤에는 의사든 사제든 저들 좋을 대로 하게 하렴. 그들이 와서 무슨 일을 하든 내 배는 목적지에 다다를 때까지 항해를 계속할 것이니까."

한밤중에 패리스 에판디는 지친 눈을 떠서 셀마에게 마지막으로 시선을 던졌다. 그녀는 무릎을 꿇은 채 그의 곁에 앉아 있었다. 그는 말을 하려고 애썼지만 그럴 수가 없었다. 죽음이 이미 그의 목소리를 질식시켜 버렸기 때문이다. 그래도 그는 최후의 기력을 짜내어 겨우 몇 마디를 할 수 있었다.

"이제 밤은 지나갔다. ……아아, 셀마야. ……아……아……
셀마."

마침내 그의 고개가 옆으로 꺾였다. 밀랍처럼 창백한 얼굴로
그가 마지막 숨을 몰아쉬었을 때, 그 입술 위에 희미한 미소가
떠올랐다.

셀마는 자기 아버지의 손을 만져봤다. 그 손은 차디찼다.
그런 다음 그녀는 고개를 치켜들고 아버지의 얼굴을 쳐다봤다.
그것은 죽음의 장막에 뒤덮여 있었다.

셀마는 순간 숨이 막혀 눈물을 흘릴 수도, 한숨을 쉴 수도,
하물며 움직일 수조차 없었다. 그녀는 흡사 조각상의 눈과도
같이 고정된 시선으로 그를 응시했다.

이윽고 그녀는 이마가 마루에 닿도록 허리를 굽히며 말했다.

"오, 주여! 우리에게 자비를 베푸셔서 우리의 부러진 날개를
고쳐주소서."

패리스 에판디 카라미는 죽었다. 그의 영혼은 '영원'에게
안겨졌고 그 육신은 대지로 돌아갔다. 만수르 베이 갈리브는
그의 재산을 차지했고, 셀마는 삶의 감옥에 ― 슬픔과 불행의
삶에 갇힌 죄수가 되었다.

나는 거의 넋을 잃은 채 슬픔과 몽상으로 날을 지새웠다.
낮과 밤은 독수리가 그 먹이를 약탈하듯이 나를 집어삼켰다.
몇 번이고 나는 지난 세대의 서책과 성경 읽기에 몰두함으로써
나 자신의 불행을 잊으려고 애를 썼지만, 그것은 기름과 더불어

사그라지는 불꽃처럼 허망한 일이었다. 왜냐하면 나는 과거의 역사를 통해서 통곡을 부르는 비극밖에는 아무것도 발견할 수 없었기 때문이다.

<욥기>는 <시편>보다 매혹적이었으며, <솔로몬의 아가(雅歌)>보다는 <예레미야 애가(哀歌)>의 슬픈 대목들이 나를 더욱 끌어당겼다. ≪햄릿≫은 서구 작가들이 써낸 그 어떤 드라마보다도 더 내 가슴에 깊이 와 닿았다.

이렇게 해서 절망은 우리의 눈을 흐리게 하고, 우리의 귀를 막아 버리는 것이다. 절망에 빠진 사람은 파멸의 유령밖에는 아무것도 볼 수 없게 된다. 들리는 것이라곤 오로지 터질 듯한 심장의 고동 소리뿐.

8 .... 비밀의 사원

베이루트 시를 레바논과 연결시키는 정원과 언덕들 한가운데 흰 바위덩이를 파내서 세운 아주 오래된 자그마한 사원이 한 채 있는데, 이곳은 올리브와 편도와 버드나무들로 에워싸여 있다. 이 사원은 시내에서 반 마일가량 떨어져 있지만, 이 이야기 속의 일이 일어났던 당시엔 유적이나 고대의 폐허에 흥미를 가진 극소수의 사람들만이 그곳을 방문했다.

그곳은 레바논에서 숨겨지고 잊힌 숱한 흥미 있는 장소 중의 하나였다. 시내에서 동떨어진 한적한 장소였던 관계로 그곳은 예배자들을 위한 안식처이며 외로운 연인들을 위한 성소가 되었던 것이다.

이 사원에 들어서면 바위 속에 새겨진 옛 페니키아의 그림을 동쪽 벽 위에서 보게 되는데, 그것은 각각 다른 자세로 서 있는 일곱 명의 발가벗은 처녀들에 둘러싸여 옥좌에 앉아 있는 사랑과 미의 여신인 이슈타르를 묘사하고 있다.

첫 번째 처녀는 횃불을, 두 번째 처녀는 기타를, 세 번째 처녀는 향로를, 네 번째 처녀는 술 항아리를, 다섯 번째 처녀는 장미꽃 가지를, 여섯 번째는 월계수 꽃다발을, 일곱 번째는 활과 화살을 각각 나르고 있으며, 이들 모두는 하나같이 이슈타르를 경건하게 바라보는 모습이다.

두 번째 벽에는 또 하나의 다른 그림이 있는데, 이것은 첫 번째 것보다 한결 현대적인 것으로 십자가에 못 박힌 그리스도를 상징하고 있으며 그 곁에는 비탄에 잠긴 어머니 마리아와 막달라 마리아 그리고 울고 있는 두 사람의 다른 여인이 서 있다. 이 비잔틴식 그림은 15~16세기경에 새겨졌음을 보여준다.

서쪽 벽에는 두 개의 둥근 통기창이 있어 이걸 통해 햇빛이 사원 안으로 들어와 그림을 비추어 흡사 그림을 황금 물감으로 그린 것처럼 보이게 한다.

사원 한가운데는 각각의 옛 그림이 하나씩 그려진 정사각형의 대리석이 있는데, 그중에 어떤 것은 고대 사람들이 이 바위 위에다 제물을 바치고 그 위에 향료와 포도주와 기름을 부었음을 말해 주는 석화(石化)된 핏덩이로 덮여 있어 거의 알아볼 수 없다.

그 작은 사원 안에는 살아 있는 사람들에게 여신의 비밀을 계시해 주고, 아울러 지난 세대와 종교의 진화에 관해 말없이 얘기해 주는 깊은 침묵 이외엔 아무것도 없다. 이 같은 정경은 시인을 그가 살고 있는 곳으로부터 멀리 떨어진 세계로 데리고 가며, 철학자로 하여금 인간이란 태어날 때부터 종교적이라는 사실을 확신시킨다. 그리하여 그들은 그들이 눈으로 볼 수 없는 세계에 대한 필요를 느꼈으며, 그 결과 삶과 죽음 속에 품은 저들의 욕망과 숨겨진 비밀을 드러내는 의미를 여러 가지 상징으로 그렸던 것이다.

그 알려지지 않은 사원 안에서 나는 한 달에 한 번씩 셀마를 만나 그녀와 더불어 이상한 그림을 바라보고 십자가에 못 박힌 그리스도를 생각하며 시간을 보냈다. 또한 우리는 이슈타르의 조상 앞에서 분향하고 그 제단에 향료를 뿌림으로써 이슈타르의 모습 속에 구현된 아름다움을 사랑하고 예배드리며 살다간 젊은 페니키아의 남녀들에 대해서 묵상했다.

지금 그 사람들은 '영원'의 면전에서 시간의 행진에 따라 되풀이되는 이름을 제외하곤 아무것도 남은 것이 없다.

내가 셀마를 만났을 때의 추억에 관해 말로써 표현한다는 것은 지극히 어렵다. ― 고통과 행복, 슬픔과 희망과 불행으로 꽉 찼던 저 천상적인 시간에 대해서 내가 어떻게 표현할 수 있을까.

우리는 그 오래된 사원에서 남몰래 만나 지난날을 회상하기도 하고 현재를 의논하기도 하며 미래에 대해 공포를 느끼기도 했다. 그리고 우리들 가슴의 저 깊은 밑바닥에서 숨겨진 비밀을 점차 끄집어냈고, 우리들의 비참과 고통을 서로 호소하면서 상상적인 희망과 슬픈 꿈을 가지고 우리 자신을 위로하고자 애썼다.

이따금 우리는 평온하게 되어 눈물을 닦고서 '사랑' 이외엔 일체의 것을 망각한 채 미소 짓기도 했다.

우리는 우리 가슴이 녹아내릴 때까지 서로를 포옹했다. 그러면 셀마는 내 이마 위에다 청순한 키스를 새겨 내 마음을 황홀경에 넘치게 했다. 이럴 때 그녀의 볼은 마치 동산의 이마 위에 비치는 첫새벽의 빛과도 같이 부드럽게 홍조를 띠었다. 그녀가 수줍은 듯 상앗빛 목을 수그릴 때 나는 그녀의 입맞춤을 되돌려주며 행복감에 빠져들었다. 우리는 구름이 일몰의 오렌지빛으로 물드는 먼 지평선을 말없이 바라보기도 했다.

우리들의 이야기는 비단 사랑에만 국한되지는 않았다. 때때로 시사문제에 끌려들기도 했고, 서로의 사상을 교환하기도 했다.

대화가 진행되는 동안 셀마는 여성의 사회적 지위를 비롯해서 지난 세대가 그녀의 성격에 남겨놓은 영향이나 남편과 아내의 관계, 그리고 결혼생활을 위협하는 영혼의 질병과 타락에 관해서 이야기했다.

나는 그녀가 다음과 같이 말했던 걸 기억한다.

"시인과 작가들은 여성의 실체를 이해하려고 노력하고 있지만, 그러나 지금까지 그들은 여성의 가슴속에 감춰진 비밀을 이해하진 못했어요. 왜냐하면 그들은 오로지 성의 베일 뒤에서 여성을 바라보기 때문이고 외형밖엔 보지 않기 때문이지요. 그들은 증오의 확대경을 통해서 여성을 바라보고 따라서 연약함과 복종을 제외하고는 아무것도 보지 못하는 거예요."

어느 땐가 또 그녀는 사원의 벽에 새겨진 그림을 가리키면서 이렇게 말하기도 했다.

"이 바위의 심장엔 여성의 욕망의 본질을 묘사하고 그 영혼의 숨겨진 비밀을 드러내는 두 개의 상징이 있는데, 그것은 사랑과 슬픔 사이 ─ 즉 애정과 희생 사이, 옥좌에 앉아 있는 이슈타르와 십자가 곁에 서 있는 마리아 사이를 왕래하는 것이에요. 남자들이 영광과 명성을 사기 위해선, 여성들이 그 값을 치러야 하는 것이지요."

하느님과 그리고 사원 위를 날아다니는 새 떼를 제외하고는 아무도 우리의 밀회를 알지 못했다.

셀마는 보통 파샤 공원이라 불리는 곳까지 마차를 타고 온 다음 거기서부터 사원까지는 걸어와서 그녀를 초조하게 기다리고 있는 나를 만나는 것이었다.

우리는 누가 볼까봐 두려워하지도 않았고, 더욱이 양심이 우리를 괴롭히지도 않았다.

불꽃으로 정화되고 눈물로 씻긴 영혼은 사람들이 수치나 치욕이라고 부르는 것보다 월등 고귀한 법이다. 그것은 인간의 가슴에 품은 애정에 거역하는 낡은 관습이나 노예법 따위에 얽매이지 않는다. 그러한 영혼은 하느님의 보좌 앞에 부끄러움

없이 당당히 설 수 있는 것이다.

인간 사회는 7천 년 동안이나 부패한 법률에 굴복해 왔기 때문에 마침내 보다 우월하고 영원한 법률의 의미를 이해할 수 없게 되었다. 인간의 두 눈이 촛불의 희미한 빛에 익숙해져서 햇빛을 바라볼 수 없게 되는 것과 마찬가지인 것이다. 그리하여 영혼의 질병은 한 세대에서 다음 세대로 상속되었다. 그 결과 마침내 그것을 질병으로서가 아니라 하느님이 아담에게 풍성하게 채워준 자연의 선물로 생각하는 사람들의 한 부분이 되고 말았다. 만약에 이 같은 사람들이 이러한 질병의 병균에 감염되지 않는 누군가를 발견한다면 그들은 그를 수치와 치욕으로 생각했으리라.

셀마 카라미가 남편이 있는 가정을 떠나 사원에서 나를 만났기 때문에 그녀를 사악하다고 생각하는 사람들은 건강하고 건전한 사람을 심약한 사람으로 매도하는 것과 같다. 그들은 섣불리 대낮에 거리로 나왔다가는 짓밟혀 죽을까봐 두려워서 어둠 속을 기어 다니는 벌레 같은 인간들이다.

아무 죄도 없이 감옥에 갇혔고, 그곳에서 도망칠 수 있는 상황임에도 탈옥하지 않는 죄수는 비겁자이다. 죄 없이 억압받는 처지에 묶여 있던 셀마는 자기 자신을 해방시킬 수가 없었다. 그렇듯 깨끗한 셀마가 감옥의 창문을 통해서 녹색의 들판과 드넓은 창공을 바라본다고 해서 비난받아야 한단 말인가?

셀마가 그리스도와 이슈타르 사이에서 내 곁에 앉기 위해 그녀의 가정을 벗어났다고 해서 사람들은 그녀가 남편을 배신했다고 생각할 수 있을까? 어쨌든 상관없는 일이다. 저들 좋을 대로 지껄이게 하라.

셀마는 다른 영혼들을 가라앉히는 늪 속을 지나왔으며 이리의 울부짖음과 뱀들의 날름거림 때문에 도저히 도달할 수 없었던 세계에 상륙한 게 아닌가.

내게 대해서도 저들 좋을 대로 지껄여대지만 상관없다. 죽음의 정령을 본 영혼은 도적 떼에 맞닥뜨려도 겁을 집어먹지 않기 때문이다.

머리 위에서 칼날이 번쩍이고 발아래에서 질펀한 피가 흐르는 것을 본 병사는 거리에서 아이들이 던지는 돌 따위엔 마음조차 쓰지 않는 법이니.

9......희 생

늦은 6월의 어느 날, 사람들이 여름 더위를 피해 산을 찾아 도시를 떠날 때 나는 안달루시아를 읊은 자그마한 시집을 손에 들고 언제나와 같이 셀마를 만나기 위해 사원으로 갔다.

사원에 도착한 나는 거기에 앉아 시집을 여기저기 띄엄띄엄 들여다보면서 셀마를 기다렸다.

이 시들을 읊고 있노라면 내 가슴은 황홀한 도취로 가득 차오르곤 했다. 내 영혼은 그 옛날 모든 희망을 뒤로한 채 그라나다에 작별을 고하고 회한의 눈물을 흘리며 저들의 궁전의 궁궐을 떠나야 했던 제왕들과 시인들, 기사들에 관한 걷잡을 수 없는 연민에 빠져들었다.

한 시간이 채 못 되어서 나는 셀마가 정원 한가운데를 가로질러 사원으로 가까이 다가오는 것을 보았다. 그녀는 마치 세상의 온갖 근심을 자기의 두 어깨에 짊어지고 있는 것처럼 양산을 무겁게 받쳐 들고 나를 향해 걸어왔다.

이윽고 그녀가 내 곁에 앉았을 때 나는 그녀의 눈 속에서 뭔가 심상치 않은 변화가 있었음을 눈치채고, 그것에 대해 묻고 싶어 애가 탔다.

셀마는 내 마음이 무엇을 원하는지를 곧바로 알아차렸다. 그리하여 그녀는 내 머리 위에 손을 얹으며 말했다.

"가까이 다가와요, 내 사랑. 어서 내 마음의 갈증을 가시게 해줘요. 결국 이별의 시간이 오고 말았으니까요."

나는 그녀에게 물었다.

"당신 남편이 이곳에서 우리가 몰래 만나고 있다는 걸 알아냈군요?"

그녀가 대답했다.

"남편과는 상관없는 일이에요. 남편은 내게 통 신경을 쓰지도 않고 하물며 내가 시간을 어떻게 보내는지조차 알지 못해요. 왜냐하면 그는 가난하고 불쌍한 윤락가 여자들과 놀아나느라고 정신이 없기 때문이죠. 정말이지 빵을 위해 몸을 팔 수밖에 없는 이러한 여자들은 피와 눈물로 빚어진 사람들이에요."

나는 물었다.

"그렇담 당신이 이 사원으로 와서 나를 만나지 못하도록 방해하는 것이 대체 뭐죠? 하느님 앞에서도 떳떳한 우리들에게 이별을 요구하는 것이 당신 자신이란 말입니까?"

그녀는 두 눈에 눈물을 글썽이며 대답했다.

"아니에요, 내 사랑. 내 영혼은 이별을 원하지 않았어요.

당신은 나의 분신이나 마찬가지이니까요. 내 눈은 당신을 아무리 오래 바라보고 있어도 결코 지치는 법이 없어요. 당신이 바로 내 눈의 빛이니까요. 하지만 만약에 무거운 족쇄에 채워져 삶의 험한 길을 걸어가야 하는 것이 내 운명이라면, 당신마저 그렇게 만들 수는 없어요."

그러더니 그녀는 다음과 같이 덧붙였다.

"지금 그 모든 걸 말할 수는 없어요. 내게 주어진 불행과 고통 때문에 혀는 얼어붙었고, 입술은 불행으로 닫혀서 움직일 수조차 없기 때문이에요. 다만 한 가지 말할 수 있는 것은 당신마저 같은 함정에 떨어질까 봐 내가 두려워한다는 것뿐이에요."

그 말에 내가 물었다.

"그게 무슨 말이에요, 셀마? 대체 당신은 누굴 두려워한다는 거요?"

그녀는 두 손으로 얼굴을 감싸면서 말했다.

"주교는 내가 자신이 만든 무덤에서 한 달에 한 번씩 빠져나가고 있다는 사실을 벌써부터 눈치챘어요."

"우리가 여기서 만나는 걸 주교가 알아냈나요?"

"만약에 그랬다면 내가 당신 곁에 이렇게 앉아 있을 수도 없겠죠. 하지만 그는 의심을 품기 시작했고, 하인들과 문지기한테까지 나를 철저히 감시하라는 명령을 내렸어요. 내가 사는 집과 내가 걷는 길은 하나같이 나를 지켜보는 눈뿐이고 나를 가리키는 손가락만 있는 것 같아요. 내 마음속의 생각까지도 엿듣는 것 같은 느낌이 들어요……."

한동안 그녀는 침묵을 지켰다. 그러더니 이윽고 그녀는 두 볼에 눈물을 떨어뜨리면서 이렇게 덧붙이는 것이었다.

"나는 주교를 두려워하는 건 아니에요. 이왕 물에 빠진 사람이 옷 젖는 것을 겁낼 리 없으니까요. 하지만 나는 당신까지 함정에 빠져서 그의 먹이가 될까봐 두려운 거예요. 당신은 아직도 젊고 햇빛처럼 자유로우니까요. 나는 내 가슴에 독화살을 쏘아댄 운명이 두려운 게 아니라, 당신이 사악한 뱀에게 발목을 물려서 미래의 즐거움과 영광이 예비되어 있는 저 산꼭대기에 당신을 올라가지 못하게 할까봐 겁이 나는 거랍니다."

나는 그녀에게 말했다.

"대낮에 뱀에게 물려보지 않고 한밤중에 이리에게 물어 뜯겨보지 않은 사람은 언제까지나 낮과 밤의 위험을 알지 못하게 될 거요. 하지만 들어봐요, 셀마. 정신 차려 들어봐요. 사람들의 사악함과 비열함을 피하는 유일한 수단이 이별뿐일까요? 오로지 죽음의 뜻에 복종하는 길밖에는 사랑과 자유를 지킬 수 있는 길이 없단 말이오?"

그녀가 대답했다.

"그래요. 우리가 서로 작별 인사를 하는 것밖엔 달리 방법이 없어요."

나는 순간 분노가 울컥 치밀어, 그녀의 손을 잡고는 흥분해서 목청을 높여 말했다.

"우린 오랫동안 사람들의 뜻에 양보해 왔어요. 우리가 처음 만난 순간부터 오늘 이 시간까지 우린 눈먼 자들에게 이끌려왔으며, 저들의 우상 앞에서 그들과 함께 고개를 숙여왔단 말입니다. 내가 당신을 만난 이래로, 우린 주교가 자기 마음 내키는 대로 던진 두 개의 공과도 같이 그의 손 안에서 이리저리 내몰렸어요. 죽음이 우릴 데려갈 때까지 그의 허수아비 노릇을 하자는 거예요? 대체 하느님은 죽는 날까지 우릴 그런 자들에게 짓밟히며 살아가라고 이 세상에 내보냈단 말입니까? 노예를 위한 그늘이 되라고 우리에게 자유를 주었을까요? 자기 영혼의 불꽃을 자기 손으로 꺼 버리는 사람이야말로 하느님의 눈으로 볼 땐 정녕코 이단자예요. 왜냐하면 우리 영혼 속에서 타는 불을 지펴주신 분이 바로 하느님이기 때문이죠. 억압에 맞서 싸우지 않는 자는 스스로 불의를 저지르고 있는 셈이오.

나는 당신을 사랑해요, 셀마. 그리고 당신 역시 나를 사랑하고 있어요. 사랑은 귀중한 보물이오. 그것은 예민하고 위대한 영혼에게 내리는 신의 선물인 거지요. 이토록 소중한 보배를 우린 그냥 내팽개쳐서 돼지들이 그걸 짓밟아 산산이 흩어지게 놔두잔 말이오? 이 세계는 경이와 아름다움으로 가득 차 있소. 우린 무엇 때문에 주교와 그의 앞잡이들이 파놓은 이 좁은 굴속에서 살아야 한단 말이오? 삶은 행복과 자유로 가득 차 있어요. 그런데도 왜 우린 우리 어깨를 짓누르는 이 무거운 멍에를 벗어던지고 우리 발목에 묶인 쇠사슬을 끊어 버리고서 평화를 위해 자유롭게 걸어가지 않는 거죠? 일어나요. 그래서 하느님의 위대한 사원을 향해 이 작은 사원을 떠납시다.

이 나라와 그 모든 노예적 굴종과 무지를 버리고 도적들의 손이 미치지 못하는 멀고먼 다른 나라로 갑시다. 밤의 장막이 드리워진 해안으로 가서 대양 건너로 우릴 데려다줄 배를 탑시다. 행복과 이해로 충만한 새로운 삶을 발견할 수 있을 거요. 망설이지 말아요, 셀마. 왜냐하면 이 일 분, 일 분이야말로 우리에겐 제왕의 왕관보다도 더욱 값지고 천사의 보좌보다 훨씬 더 숭고한 것이기 때문이오. 자, 이 메마른 사막에서 꽃과 향기로운 식물들이 자라는 푸른 들판으로 우릴 인도해 주는 빛의 기둥을 우리 따라갑시다."

셀마는 고개를 흔들고는 사원의 천장으로 보이지 않는 무엇인가를 응시했다. 그녀의 입술 위엔 슬픔을 자아내는 미소가 떠올랐다. 그녀가 말했다.

"아니, 그건 안 돼요, 내 사랑. 하느님은 식초와 담즙이 가득 찬 잔을 내 손에 쥐어주셨어요. 나는 이 밑바닥에 깔린 시고도 쓴맛을 깡그리 알기 위해 마지막 한 방울까지 억지로라도 그걸 마셔야 해요. 어쨌거나 나는 이 고통의 잔을 끈기 있게 다 마실 거예요. 나는 사랑과 평화의 새 삶을 누릴 자격이 없어요. 나는 인생의 쾌락과 감미로움을 감당할 만큼 충분히 강하지 못하니까요. 왜냐하면 날개가 부러진 새는 결코 드넓은 창공을 날 수 없잖아요. 촛불의 희미한 빛에 길든 두 눈은 태양을 응시할 만큼 충분히 강하지 못하답니다. 제발, 내게 행복에 대해서 말하지 마세요. 그 추억은 나를 고통스럽게 만드니까요. 평화에 대해서도 말하지 말아줘요. 그 그림자는 날 두렵게 하니까요.

하지만 나를 쳐다보세요. 하느님이 내 가슴의 잿더미 속에다 불붙여놓은 성스러운 불꽃을 나는 당신에게 보여주겠어요. — 당신은 알고 있죠? — 마치 어머니가 단 하나밖에 없는 자식을 사랑하듯이 내가 당신을 사랑한다는 것을……. 또한 사랑은 어떠한 경우에라도 당신을 보호할 것만을 내게 가르쳐 주었다는 것을……. 멀고먼 땅으로 당신을 따라가지 못하게 날 막는 것은 불로써 정화된 사랑인 거예요. 사랑은 당신이 자유롭고 고매하게 살 수 있도록 내 욕망을 죽이는 거예요. 유한한 사랑은 사랑하는 대상의 소유를 필요로 하지만, 무한한 사랑은 오로지 사랑 그 자체만을 요구할 뿐인 걸요. 천진난만한 시기와 젊음이 깨어나는 시기 사이에 오는 사랑은 소유에 만족하고 포옹과 함께 성장해요. 하지만 하늘의 무릎에서 태어나 밤의 비밀과 더불어 내려온 사랑은 영원과 불멸을 제외한 어떤 것에도 만족하지 않아요. 또한 신성(神聖)을 제외한 어떤 대상 앞에서도 경건하게 대하지는 않는답니다.

주교가 자기 조카의 집을 빠져나가는 나를 막고 내 유일한 즐거움을 나로부터 박탈하려고 하는 걸 알았을 때 나는 내

방 창문 앞에 서서 바다를 바라보았어요. 바다 건너에 있는 광활한 나라들과 그곳에서 찾을 수 있는 진정한 자유와 개인의 자주성을 떠올리자, 나는 당신 영혼의 그림자에 에워싸여 당신 애정의 대양에 푹 잠겨 당신과 함께 살고 있음을 느꼈어요. 하지만 한 여인의 가슴에 빛을 비추어 그녀가 낡은 관습에 반기를 들고 자유와 정의의 그늘에서 살고 싶다는 열망을 갖게 만든 이 모든 생각은 내가 연약하고 우리의 사랑이 유한하고 미약하기 때문에 태양의 면전에 바로 설 수조차 없다는 사실을 깨우쳐주었어요. 나는 멸망한 왕국의 제왕처럼 흐느껴 울었어요. 하지만 나는 곧 내 눈물에 어린 당신의 얼굴과 나를 바라보는 당신의 두 눈을 보았던 거예요. 그러자 어느 땐가 당신이 내게 해줬던 말이 떠올랐어요.

'이리 와요, 셀마. 자, 우리, 폭풍우 앞에서도 꿋꿋이 서 있는 탑처럼 강해집시다. 우리, 적의 총칼 앞에서도 겁내지 않는 용감한 병사처럼 됩시다. 우리는 죽더라도 사랑의 순교자처럼 죽을 것이며, 만약에 승리한다면 영웅처럼 살 거요. 장벽과 고난에 용감하게 맞서는 것은 평온함을 구걸하는 것보다 고귀한 거요.'

내 사랑, 당신은 죽음의 날개가 우리 아버님의 침상 주위를 떠돌고 있을 때 나에게 이 말을 해주셨죠. 그것을 나는 어제 절망의 날개가 내 머리 위를 떠돌고 있을 때 다시 기억해 냈던 거예요.

나는 스스로 기운을 북돋게 했어요. 그래서 나는 내 감옥의 암흑 속에 있는 동안 우리의 곤경을 타개해 주고 우리의 슬픔을 덜어주는 어떤 종류의 값진 자유를 느꼈던 거예요. 나는 우리들의 사랑이 바다처럼 깊고 별처럼 높으며 하늘처럼 넓다는 것을 깨달았어요. 나는 당신을 만나기 위해 이곳에 왔어요. 그리고 이제 내 연약한 영혼 속에는 새로운 힘이 생겨났어요. 이 힘은 보다 위대한 것을 획득하기 위해 그보다 덜 위대한 걸 희생시킬 수 있는 능력인 거예요. 그것은 바로 당신이 사람들의 눈에 고결하고 명예로운 존재로 남아 있고, 그들의 배반과 박해로부터 멀리 벗어나 있도록 하기 위해 나 자신의 행복을 희생하는 것이랍니다…….

지난날 내가 이곳에 왔을 땐 나는 마치 무거운 쇠사슬이 날 넘어뜨리는 것처럼 느껴졌었어요. 하지만 오늘 나는 족쇄를 비웃고 길을 단축시키는 새로운 각오로 여기에 왔답니다. 나는 늘 겁에 질린 유령처럼 이 사원에 오곤 했지만, 그러나 오늘은 희생의 절박함을 느끼고 고통의 진가를 아는 용감한 여인처럼 왔던 거예요. 자기가 사랑하는 사람을 무지한 사람들로부터 또한 자기 자신의 굶주린 영혼으로부터도 보호하고자 하는 여인처럼 말이에요.

나는 줄곧 떨리는 그림자마냥 당신 곁에 앉아 있곤 했지만, 그러나 오늘 나는 이슈타르와 그리스도 앞에서 내 참모습을 당신에게 보여주려고 이곳에 왔답니다.

나는 그늘 속에서 자라난 나무예요. 오늘 나는 잠시나마 햇볕 속에서 딸기 위해 내 가지들을 내뻗은 거예요. 나는 당신에게 작별을 고하려고 이곳에 왔어요, 내 사랑. 우리의 이별이 위대하고 우리의 사랑처럼 장엄하리라는 것이 바로 제 희망이에요. 우리의 이별이 뜨거운 불로 황금을 단련시키듯이 고통으로 더욱 눈부시게 빛나는 불꽃이 되게 합시다……."

셀마는 내가 말하거나 반박할 여지를 주지 않았다. 하지만 그녀는 두 눈을 빛내면서 나를 바라보았고, 그 얼굴은 정녕 침묵과 존경을 받아 마땅한 천사처럼 보이는 위엄을 간직하고 있었다.

그러고 나서 그녀는 내게 자기 몸을 던졌다. 이전에는 결코 없던 일이었다. 그녀는 자신의 보드라운 두 팔로 나를 껴안고는 내 입술에 깊고도 긴 불같은 키스를 새겨준 것이었다.

태양이 정원과 과수원에서 그 모든 빛을 거두며 기울어갈 때 셀마는 사원 한가운데로 걸어간 다음 그 벽과 구석구석을 오랫동안 응시했다. 마치 그 그림과 상징 위에 자기 눈의 광채를 온통 쏟아 붓고 싶은 듯이.

그리고서 그녀는 앞으로 걸어 나가 그리스도의 벽화 앞에 경건하게 꿇어앉아 '그'의 입에다 입을 맞추고선 다음과 같이 속삭였다.

"오, 그리스도여! 저는 당신의 십자가를 택하고 이슈타르의 쾌락과 행복의 세계를 버렸나이다. 저는 가시관을 쓰고 월계수 꽃다발을 버렸나이다. 또한 저는 향료와 향수 대신에 피와 눈물로써 제 자신을 씻겼나이다. 저는 포도주와 감로수가 담겼어야 할 술잔으로 식초와 담즙을 마셨나이다. 그러하오니 부디 당신을 따르도록 허락하소서, 주여. 그리하여 고난과 슬픔을 기꺼이 받아들이며 당신을 택했던 무리들과 더불어 저를 갈릴리로 가는 길로 인도하소서."

그런 다음 그녀는 일어서서 나를 바라보며 말했다.

"이제 나는 나의 어두운 동굴로, 소름끼치는 유령들이 득실거리는 그곳으로 기쁘게 돌아갈 거예요. 날 동정하진 말아줘요, 내 사랑. 날 가엾게 여기지도 마세요. 한번이라도 하느님의 그림자를 영접했던 영혼은 결코 악마와 유령을 두려워하지 않으니까요. 일단 한 번이라도 저 하늘의 세계를 바라보게 된 눈은 이 세상의 고통 따위로는 감기지 않을 거예요."

이 말을 끝내고 셀마는 사원을 떠나갔다. 그리고 나는 여러 가지 상념의 깊은 바다에 빠진 채로 넋 나간 듯이 거기에 남아 있었다.

하느님이 보좌에 앉아 있고, 천사들은 사랑과 슬픔과 불멸의 찬미가를 부르며 인생의 비극을 예언하고 있었다. 나는 그러한 계시의 세계에 흠뻑 빠진 채 점차 의식이 몽롱해지는 것을 느꼈다.

내가 혼몽 상태에서 깨어나 셀마가 말한 한 마디 한 마디의 메아리를 되풀이하고, 그녀의 침묵, 그녀의 행동, 그녀의 동작과 표정이며, 그 손의 감촉 등을 상기하면서 정원 한가운데서 넋이 빠져 있는 나 자신을 발견했을 때는 이미 밤이 되어 있었다. 그제야 비로소 나는 이별의 의미와 외로움의 고통을 사무치게 깨달았다.

나는 절망했고 마음은 갈기갈기 찢겨졌다. 그것은, 남자들이란 비록 자유롭게 살아간다 할지라도 어차피 오래전부터 저들의 조상들이 제정해 놓은 엄격한 법률에 대해서만큼은 절대로 자유로울 수 없는 존재였다. 그리고 하늘의 뜻이란 것도, 우리는 그걸 불변의 진리라고 여겨왔지만 실은 내일의 뜻에 대한 오늘의 양보이며 오늘의 뜻에 대한 어제의 복종일 뿐이라는 걸 그날 밤 나는 처음으로 깨달았다.

그날 밤 이래로 나는 셀마로 하여금 삶 대신 죽음을 택하게 만든 이른바 영혼의 법률에 관해서 수없이 생각해 왔다. 또한 희생의 고결함과 반항의 행복 중에서 어느 것이 더 고귀하고 아름다운 것인가에 대해서도 몇 번이나 비교해 봤다.

그러나 이날까지 나는 그 모든 문제로부터 오로지 단 하나의 진실만을 추출해냈을 뿐이다. 즉 이 진실이란 바로 '성실'인 것이고, 성실이야말로 우리 인간의 온갖 행위를 아름답고 영예롭게 이끌어주는 것이다. 그리고 이 '성실'은 바로 셀마 카라미라는 여인과 동격으로 존재하고 있었다.

10 ____ 구 원

5년에 걸친 셀마의 결혼생활은 한마디로 허망한 것이었다. 그녀와 남편 사이의 정신적인 유대를 강화시켜주고 이들의 서로 맞지 않는 영혼을 함께 묶어줄 자식이 없었다.

자손을 통해 저들 자신을 영속시키고자 하는 대부분의 남자들이 가진 욕망 때문에 아이를 못 낳는 여성은 어디서나 멸시의 눈총을 받게 마련이다.

좀 더 현실적인 남자들은 아이를 못 낳는 아내를 적으로 간주한다. 그리하여 단지 아이를 낳지 못한다는 이유만으로 아내를 내쫓거나 증오하며, 마침내는 죽음을 바라기도 한다.

만수르 베이 갈리브는 그런 부류의 남자였다. 물질적으로 그는 마치 강철같이 단단하고 무덤처럼 탐욕스러웠다. 그는 자신의 대를 이어 가문의 명예를 빛내줄 자식을 바라는 욕심 때문에 셀마의 아름다움과 감미로움에도 불구하고 셀마를 학대했던 것이다.

동굴 속에서 자라난 나무는 열매를 맺지 못한다. 그와 마찬가지로 삶의 그늘에서 살았기 때문에 셀마는 아이를 낳지 못하는 것이다…….

나이팅게일은 자기 새끼들의 운명이 노예화되지 않도록 아예 새장 안에다 보금자리를 만들지 않는다. 셀마는 불행의 수인(囚人)이었으며, 그녀가 자신의 비천한 삶을 이어갈 또 한 명의 분신을 갖지 못한 것은 정녕코 하늘의 뜻이었다. 들판의 꽃들은 태양의 애정과 자연의 사랑이 낳은 아이들이다. 그와 같이 인간의 아이들은 사랑과 연민의 꽃들인 것이다.

불행하게도 사랑과 연민의 정신이 라스 베이루트에 있는 셀마의 아름다운 집을 지배한 적은 한 번도 없었다. 그럼에도 불구하고 그녀는 매일 밤 하느님 앞에 무릎을 꿇고 앉아, 자기에게 낙이 되고 위안을 주게 될 아이를 달라고 간청했다…….
그리하여 그녀의 기도는 마침내 하늘에 도달했고, 신은 그녀의 기도에 응답하게 되었다…….

동굴의 나무는 마침내는 열매를 맺기 위해 꽃을 피웠다. 새장 속의 나이팅게일도 자신의 날개깃으로 보금자리를 만들기 시작했다.

셀마는 하느님의 귀중한 선물을 받기 위해 천상을 향해 사슬에 묶인 자신의 두 팔을 내뻗었다. 그리고 실상 아이를 낳을 수 있는 어머니가 되는 것보다 더 그녀를 행복하게 만들 수 있는 것은 이 세상에 아무것도 없었던 것이다…….

그녀는 하루하루를 손꼽으며 천상의 감미로운 선율이라 할 자기 아이의 목소리가 귓전에 울리게 될 시각을 고대하며 애타게 가다렸다…….

그녀는 자신의 눈물을 통해 보다 밝은 미래의 새벽을 바라보기 시작했다…….

셀마가 생과 사의 갈림길에서 산고를 겪으며 마지막 진통을 시작한 것은 이듬해 4월이었다. 의사와 산파가 그녀의 곁에서 돌보며 이 세상을 찾아오는 새로운 손님을 맞아들일 준비를 하고 있었다.

그날 밤늦게 고통에 찬 셀마의 울부짖음이 온 집 안을 뒤흔들기 시작했다……. 생명에서 생명이 떨어져 나오는 소리…… 무(無)의 하늘에서 계속 이어지는 울부짖음……. 위대한 힘의 침묵 앞에서의 연약한 힘의 울부짖음……. 생(生)과 사(死)의 발아래서 절망 속에 누워 있는 가련한 셀마의 울부짖음.

새벽녘에 셀마는 사내아이를 낳았다. 눈을 떴을 때 셀마는 온 방 안에 죽음의 그림자가 깔렸음을 느꼈다. 그녀는 다시 한번 주변을 둘러보았다. 산파와 의사의 표정이 몹시 어두웠다. 순간적으로 불길한 예감에 휩싸이며 그녀는 눈을 감고 부르짖었다.

"오, 내 아들."

산파는 갓난애를 비단 포대기에 싸서 셀마의 곁에다 눕혔다. 그러나 의사는 셀마를 바라보면서 슬픔에 가득 찬 얼굴로 고개를 젓는 것이었다.

셀마가 아들을 낳았다는 기쁜 소식은 순식간에 이웃 사람들을 잠에서 깨웠다. 그리하여 이들은 아이의 아버지가 된 만수르 베이에게 후계자의 탄생을 축하해 주기 위해 앞 다투어 달려왔다. 하지만 의사는 여전히 셀마와 갓난아기를 응시하며 고개를 가로저었다…….

하인들은 만수르 베이에게 좋은 소식을 전해 주려고 서둘러 댔다. 그러나 의사는 낙심천만한 얼굴로 셀마와 그녀의 아이를 응시하고 있었다.

해가 떠올랐을 때 셀마는 갓난아기를 자기 품에 안았다. 아기가 처음으로 눈을 뜨고 자기 어머니를 쳐다봤다. 그러고 나서 이내 온몸을 바르르 떨고는 마지막으로 두 눈을 감아 버렸다.

의사는 셀마의 팔에서 아기를 받아들었다. 그리고 그의 뺨으로 눈물이 흘러내렸다.

이윽고 그는 혼잣말로 중얼거렸다.

"이 애는 떠나가는 손님이었군."

이웃 사람들이 그 집의 커다란 홀에서 만수르 베이와 더불어 후계자의 탄생을 축하하며 축배를 들고 있는 동안, 아기는 저 세상으로 떠나갔다.

그 순간 의사를 붙잡고 애원하는 셀마의 절규가 사람들의 웃음소리에 묻혀 버렸다.

셀마는 의사를 바라보며 애원했다.

"제 아이를 주세요. 그 아이를 껴안게 해주세요."

비록 아기는 죽었지만, 홀에서는 술잔 부딪히는 축배의 소리가 마냥 높아가기만 했다…….

아기는 새벽에 태어나서 해가 떠오르자 죽었다…….

아기는 사상처럼 태어나 한숨처럼 사그라졌고, 그림자처럼 소멸해 버렸다.

아기는 자기 어머니에게 낙과 위안을 줄 수 있을 만큼 살지 못했다. 그 아이의 삶은 밤의 끝에서 시작해서 낮의 시작에서 끝났던 것이다. 마치 어둠의 두 눈에서 쏟아져서 빛의 어루만짐에 의해 말라 버린 이슬방울과도 같이…….

밀물에 의해 해안으로 밀려왔다가 썰물에 의해 깊은 바다 밑으로 쓸려 내려간 한 알의 진주…….

삶의 꽃봉오리로 막 피어났다가 죽음의 발아래 짓이겨진 한 송이 백합.

잠시 동안 셀마의 가슴에 불을 밝혀주고, 곧바로 셀마의 영혼을 죽여 버린 귀한 손님.

이것이 바로 인간의 생애이고 한 나라의 운명이며 해와 달과 별들의 생애인 것이다.

이윽고 셀마는 시선을 의사에게 붙박고는 하염없이 울부짖었다.

"제 아이를 주세요. 그 애를 껴안게 해주세요. 제 아이를 주세요. 그 애한테 젖을 먹이게 해주세요."

그러자 의사는 고개를 떨어뜨리며, 목멘 소리로 말했다.

"아이는 죽었습니다. 부인, 진정하십시오."

의사의 선고를 듣자 셀마는 끔찍한 울음을 터뜨렸다. 그러고 나서 한순간 조용하더니, 이윽고 그녀의 얼굴에 환한 미소가 떠올랐다. 마치 새로운 사실을 발견하기라도 한 것처럼.

잠시 후, 그녀가 조용히 입을 열었다.

"제 아이를 주세요. 그 애를 좀 더 가까이 볼 수 있게 해줘요. 작별 인사를 해야겠어요."

의사는 죽은 아기를 셀마에게 데리고 와서 그녀의 팔에 안겨주었다.

그녀는 아기를 껴안고선 벽 쪽으로 얼굴을 돌리더니, 이렇게 중얼거렸다.

"너는 날 데려가려고 왔구나. 애야, 너는 해안으로 인도하는 길을 내게 보여주려고 왔구나. 자, 내 아들아. 이제 나와 함께 이 캄캄한 동굴에서 빠져나가자꾸나."

잠시 후 햇빛이 창의 커튼을 뚫고 들어오더니, 이제는 죽음의 날개에 덮여 침상 위에 누운 두 개의 고요한 육체 위로 사뿐히 내려앉았다.

의사는 두 눈에 눈물을 머금은 채 방을 나갔다. 그가 커다란 홀에 들어서자 축제는 곧 장례식으로 뒤바뀌었다. 의사는 모든 사람들에게 셀마와 그 아들의 죽음을 전했다.

그러나 만수르 베이 갈리브는 한마디 말도 없었고, 눈물한 방울도 흘리지 않았다. 그는 흡사 정물(靜物)인 양 꼼짝도않고 선 채 움직이지 않았다. 그의 오른손에는 여전히 술잔이들려 있었다.

......

이튿날 셀마는 흰 결혼의상을 수의로 입은 채 관 속에 눕혀졌다. 아기의 수의는 강보였고, 아기의 관은 어머니의 두 팔이었으며, 그 무덤은 어머니의 고요한 가슴이었다. 두 구의 시체는하나의 관 속에 넣어져 운반되었다.

그리고 나는 셀마와 그녀의 갓난애를 따라가는 군중들 속에섞여 이들의 안식처까지 말없이 걸어갔다.

공동묘지에 도착하자, 갈리브 주교가 장례식을 집전하는가운데 다른 사제들은 기도를 올렸다. 그들의 우울한 얼굴엔무지와 공허의 베일이 짙게 드리워져 있었다.

하관이 끝났을 때 조객 중의 한 사람이 속삭였다.

"하나의 관 속에 두 구의 시체를 장례 지내는 걸 보기는평생 처음일세."

다른 한 사람이 그 말을 받았다.

"이 애는 마치 무자비한 남편의 억압으로부터 자기 어머니를구하기 위해서 온 것 같군."

또 다른 세 번째 사람이 말했다.

"만수르 베이의 눈을 좀 보게. 마치 아무 생각도 없는 사람

같군. 도저히 하루아침에 아내와 자식을 잃어버린 사람처럼 보이지는 않는군."

그러자 네 번째 사람이 덧붙였다.

"그의 숙부인 주교는 내일이면 또다시 그를 더 재산도 많고 더 튼튼한 여자와 결혼시키겠지."

무덤 파는 인부가 구덩이를 다 메울 때까지 주교와 사제들은 계속 기도문을 읊고 성가를 불렀다. 그런 다음 사람들은 개별적으로 주교와 그의 조카에게 다가가서는 달콤한 동정의 말로 이들에게 조의를 표했다.

아무도 내게는 관심을 두지 않았다. 나는 위로해 주는 사람 하나 없이 한옆에 떨어져 외롭게 서 있었다. 셀마와 그녀의 아이가 내겐 아무 상관도 없다는 듯이.

작별 인사를 한 사람들은 뿔뿔이 흩어져 공동묘지를 떠났고, 무덤 파는 인부는 손에 삽을 든 채 새 무덤 곁에 서 있었다.

나는 그에게 다가가서 물었다.

"혹시 패리스 에판디 카라미가 묻힌 곳을 기억하나요?"

그는 잠시 나를 쳐다보더니 셀마의 무덤을 가리키며 말했다.

"바로 여기요. 나는 그의 딸을 그 사람 위에 묻었고, 또한 그 딸의 아들을 그 어머니의 가슴 위에다 묻었지요. 그리고 이 모든 것 위에 나는 삽으로 흙을 덮었소."

그래서 나는 말했다.

"이 무덤 속에 내 가슴도 함께 묻혔답니다."

무덤 파는 인부가 포플러나무들 뒤로 사라졌을 때, 나는 더 이상 참을 수가 없었다.

나는 셀마의 무덤 위에 쓰러져서 목 놓아 울었다.

□ 작가 소개

  칼릴 지브란은 레바논 북부의 베챠리에서 2남 2녀의 막내로 태어났다. 그의 출생지는 산세가 매우 험한 곳으로 예수 그리스도의 탄생지와 인접한 곳이었다. 이런 이유로 이 지역 주민들은 기독교 신앙을 가지게 되었고, 험한 산세 덕분에 터키 지배 아래 있으면서도 자치구역으로 남았다.

  1869년 수에즈운하가 개통되면서 생업이던 대상(caravan)을 통한 동서교역이 타격받고 주민들은 가난과 터키의 폭정에 시달리게 되었다. 그러자 예수회 교육의 영향으로 자유의식이 싹튼 지식인들은 아프리카, 남미, 오스트레일리아, 미국 등으로 이민을 떠났다. 칼릴 지브란의 가족도 이러한 이민자들의 무리에 어울렸다.

  유복한 가정에서 성장한 칼릴 지브란은 1895년 12세 때 아버지만 레바논에 남은 채 가족을 따라 미국의 보스턴으로 이주했다. 그곳에서 2년간 영어를 공부하고, 다시 레바논으로 돌아와 5년간 아랍어와 프랑스어를 수학했다. 그 후 아버지를 따라 전국을 여행하며 그림을 그렸고, 1902년 그리스, 이탈리아, 스페인 등 유럽 각지를 여행하며 인생 체험을 쌓았다. 1908년에는 프랑스 파리로 유학을 가서 조각가 오귀스트 로댕(Auguste Rodin)을 만나 3년간 미술을 공부하고 미국으로 돌아왔다.

미국으로 이민을 온 후 어머니와 누나, 형이 차례로 결핵에 걸려 죽는 아픔을 겪었고, 칼릴 지브란은 누나와 단둘만 남게 되었다. 생활에 어려움을 겪게 되자 보스턴의 한 출판업자의 도움으로 북 디자이너로 일했다. 이때부터 화가로서의 재능을 발휘했으며, 당시 문단에서 활약하는 젊은 작가들과 교류하는 기회를 가지면서 작품 활동을 펼치게 되었다.

그의 초기 작품들은 대부분 아랍어로 쓰인 산문시들과 희곡 작품들이다. 희곡은 모든 아랍권에 널리 알려져 지브라니즘(Gibranism)이라는 용어가 생길 정도였다. 20세를 전후하여 영어로 작품을 쓰기 시작하여 1923년, 20년간의 구상을 거쳐 완성한 원고를 출판하기로 결심하는데, 그 작품이 바로 영어로 기록한 산문시 ≪예언자(The Prophet)≫이다.

인생의 근본적인 문제를 제기하고, 그에 대한 답을 깨닫게 하여 '현대의 성서'라고 불리는 ≪예언자≫는 아랍어로 쓴 소설 ≪부러진 날개(The Broken Wings)≫(1912)와 함께 세계 각국어로 번역되어 널리 사랑받고 있다. 그 후에도 여러 권의 저서를 출간했으며, 미국의 시리아계 신문에도 기고했으나, ≪예언자

≫만큼 주목받지는 못했다.

저작들에는 그가 그린 그림들이 삽화로 실린 경우가 많다. 초상화를 비롯한 그의 그림은 철학을 느끼게 하는 독창적이고 신비주의적인 경향을 띠는 것으로 유명하며, 웅장하고도 경이로운 레오나르도적(的) 특질을 보여준다는 평을 얻었다. 젊은 시절 파리에서 최초의 전시회를 가진 이래 뉴욕, 보스턴 등에서도 개인전을 열었다.

칼릴 지브란은 '아메리카의 보헤미아'라고 불리는 그리니치빌리지에서 독신으로 지내며 예술 활동에만 전념하면서 늘 인류의 평화와 화합을 주장하고, 레바논의 종교적 단합을 호소했다. 그는 평소 타국살이의 외로움을 술로 달래다가 건강을 해치는 탓에 뉴욕의 성빈센트병원에서 48세의 나이로 세상을 떠났다.

독특한 종교적·역사적 배경에서 성장하여 일생을 아랍과 비(非)아랍, 이슬람과 기독교, 레바논과 뉴욕 등 이질적인 두 세계를 넘나들면서 특유의 이중적 세계관으로 전 세계의 독자들에게 시공을 초월하는 진실을 이야기한 칼릴 지브란은 현대인의 정신적 지주로 자리 잡고 있다.

한국에는 1975년 처음 번역되어 국내 독서계에 칼릴 지브란의 붐을 일으켰던 산문시집 ≪예언자≫를 비롯하여 첫사랑을 주제로 다룬 소설 ≪부러진 날개≫, 잠언집 ≪모래, 물거품 (Sand and Foam)≫(1926), 우화집 ≪방랑자(The Wanderer)≫(1932), ≪고요하여라 나의 마음이여(Prose Poems)≫, ≪세월(Time and Tide)≫, ≪보여줄 수 있는 사랑은 아주 작습니다≫ 등 많은 작품이 소개되었다.

□ 칼릴 지브란의 작품 연보

≪Nymphs of the Valley≫(1906) : 계곡의 요정

칼릴 지브란이 1906년을 전후로 쓴 ≪마르타, 미친 유한나, 천년의 먼지와 영원한 불≫을 일컫는다. 1948년에 함께 묶어 출판하였다.

<마르타>는 중동 지역의 여성에게 가해지는 억압, 자연과 도시의 대조, 시골과 도시의 대조를 그리고 있다.

<미친 유한나>에서는 중동의 부패, 착취, 위선을 고발했다.

<천년의 먼지와 영원한 불>은 윤회와 예정된 사랑을 다루고 있다.

≪Spirits Rebellious≫(1908) : 반항하는 영혼

≪반항하는 영혼≫이라는 제목의 이 책은 앞선 ≪계곡의 요정≫처럼 레바논의 억압적 사회 체제를 중심 주제로 하고 있다. 그러나 이 작품은 같은 주제를 더욱 직접적이고도 자신만

만한 톤으로 다루고 있다. 그리고 권력의 부당한 남용을 생생하게 묘사하는 데 그친 《계곡의 요정》과는 달리 긍정적인 대안을 모색하고 있다.

작품은 '이단자 칼릴, 무덤들의 외침, 와르데 알 하니, 신부의 꽃가마' 등 네 개의 이야기로 구성되어 있다. 아랍어로 쓴 작품이다.

《The Broken Wings》(1912) : 부러진 날개

1912년 1월 아랍어 단편 《부러진 날개》가 출간되었다. 그는 아랍어로 된 헌사를 영어로 번역해서 책에 쓴 뒤 M. E. H 에게 보냈다. 이 책으로 아랍 세계에서 그는 유명해졌으며, May Ziadeh라는 비평가의 눈길을 끌었다. 그녀와는 나중에 특이하고도 깊은 친분을 맺게 된다.

《부러진 날개》는 그의 몇 권 밖에 되지 않는 소설 가운데 가장 긴 작품으로 사랑에 관한 이야기를 다루고 있다. 《예언자》가 영어로 쓴 걸작이라면 《부러진 날개》는 아랍어로 쓴 최고의 걸작이라는 평가를 받고 있다. 1962년 유세프 말루프 감독에 의해 1시간 30분 길이의 영화로 만들어졌다.

《A Tear and A Smile》(1914) : 눈물과 미소

아랍어 작품인 《눈물과 미소》에서는 이민 초기 지브란이 느꼈던 소외감이 반영되어 있으며, 여기서 '미소'는 그의 상상

속에서 레바논이 형이상학적인 고향으로 탈바꿈하는 순간의 희열을 그린 것이다.

≪The Madman≫(1918) : 광인

1918년, 36세가 된 칼릴 지브란은 영어로 쓴 첫 번째 작품 ≪광인(The Madman)≫을 발표했다(니체식의 아이러니 동원). ≪광인≫에 나오는 각 우화는 교훈을 담고 있으며, 지브란이 후기 작품에서 다루게 될 주제를 암시하는 것도 있다. 악의·위선·불의·순응·야망·맹목성·청교도주의 등이 신랄하게 풍자되어 있으며, 비록 서정적으로 표현되어 있기는 하지만 냉소적인 어조가 지배적이다.

일부 번역서 중에 그의 연보를 실으면서 ≪아씨(Madam)≫가 영어로 쓴 최초의 작품이라고 소개하고 있으나, 이는 명백한 오류이다.

≪The Procession≫(1919) : 행렬(=영가)

1919년 아랍어로 출판된 ≪행렬(The Procession)≫은 자유와 기쁨과 자연에 대한 사랑을 노래하는 젊은이와 세상의 무익함을 한탄하는 현자와의 대화 형식으로 이루어져 있다. 지브란의 세상에 대한 권태감, 세상의 패러독스와 비참함, 그리고 고통을 엿보게 된다.

≪행렬≫의 아랍어 원본은 200행이나 되는데, 4행시의 형태

를 취하고 있으며 각각의 4행시에는 운율이 있다. 4행시 다음에는 젊은이가 노래하는 후렴구 형태의 2행시가 이어진다. 젊은이가 말하는 부분의 운율은 활기가 넘치고 밝은 반면 현자의 운율은 좀 더 무겁고 설교조와 웅변조이다.

≪The Tempest≫(1920) : 폭풍우

1920년 여름 칼릴 지브란은 ≪폭풍우≫를 발표했다. 이 책은 니체의 독설적 시각에 영향 받았음을 알 수 있다.

이 작품집에서 받는 일반적인 인상은 비록 ≪눈물과 미소≫에서 보여준 더 낙천적인 분위기와 완전히 다르지는 않지만 작가가 또다시 절망적인 충동에 사로잡혀 있음을 느끼게 한다.

≪The Forerunner≫(1920) : 선구자

1920년 9월 칼릴 지브란의 두 번째 영어 작품 ≪선구자 — 그의 우화와 시≫가 출판되었다. 이 모음집의 중요 주제는 각성의 필요성으로서 이 시대에 대한 지브란 자신의 열망을 정확하게 반영한다.

≪The Prophet≫(1923) : 예언자

칼릴 지브란의 대표작이다. 1923년 9월 말에 산뜻하면서도 검은 표지의 2달러 25센트짜리 작은 책이 복잡한 뉴욕 서점가에 모습을 드러냈다. 겨우 2만 단어로 이루어진 철학적이며 신비주의적인 이 책은 일반 독자들의 마음을 사로잡았다. 한 달 만에 초판 1,300부가 모두 팔렸고, 1937년까지 129,233부가 팔렸으며 지금 현재까지도 세계 각국에 번역되어 20세기에 가장 널리 배포된 책 중의 하나가 되었다.

≪Sand and Foam≫(1926) : 모래, 물거품
1926년 영어로 쓴 이 작품에서는 블레이크의 영향을 발견할 수 있다.
다루고 있는 주제는 대부분 ≪예언자≫에서 지브란이 탐색했던 것들로서 시인 자신의 개인적인 체험을 반영하는 것들도 포함하고 있다.

≪Jesus, the Son of Man≫(1928) : 사람의 아들 예수
지브란은 1926년 11월에 ≪사람의 아들 예수≫를 쓰기 시작했으며, 대부분을 정신적 압박이 심한 뉴욕을 피하여 보스턴에서 썼다. 1928년 10월 출간되었다.
이 책은 복음서를 통해 잘 알려진 여러 인물들의 입장에서 예수를 새로운 시각으로 해석하고 있다.

≪The Earth Gods≫(1931) : 지신(地神)들(=대지의 신들)
≪지신들≫은 첫 번째 신과 두 번째 신의 토론, 세 번째 신의 중재 형식으로 이루어져 있다.

이 책에서는 모든 것을 포용하는 사랑의 힘에 관심을 갖고 있기는 하나 전반적인 분위기는 어두운 편이다.

≪The Wanderer≫(1932) : 방랑자
≪방랑자≫는 지브란이 생의 마지막 3주 동안 쓴 글이다. 그의 사후에 출판되었다.
다양한 주제의식과 표현양식을 선보이고 있는 우화집으로, 한 비평가는 이를 '시적인 우화'로 명명했다.

≪The Garden of the Prophet≫(1933) : 예언자의 동산(=예언자의 정원)
지브란은 원래 ≪예언자≫를 3부작 중의 첫 권(인간과 인간의 관계를 논함)으로 하고, 인간과 자연과의 관계를 다룬 ≪예언자의 동산≫을 다음 권으로, 그리고 인간과 신의 관계를 다룬 ≪예언자의 죽음≫을 마지막 권으로 낼 예정이었다.
이 책은 사후에 바바라 영에 의해 출간되었다.

예언자

1판 2쇄 발행 | 2023년 06월 25일
1판 2쇄 인쇄 | 2023년 06월 30일

지은이 | 칼릴 지브란
옮긴이 | 김지영
펴낸이 | 윤옥임
펴낸곳 | 한비미디어

서울시 마포구 독막로 28길 34
대표전화 (02)713-3734, 팩스(02)706-9151

등록 제 2003-000077호

© 2023by Brown Hill Publishing Co. 2023, Printed in Korea

ISBN 979-11-91879-19-3 03120

값 13,500원